MINISTÈRE DU COMMERCE, DE L'INDUSTRIE ET DU TRAVAIL

DIRECTION

DE L'ASSURANCE ET DE LA PRÉVOYANCE SOCIALES

RÉGLEMENTATION

DU CONTRÔLE DES ASSURANCES SUR LA VIE

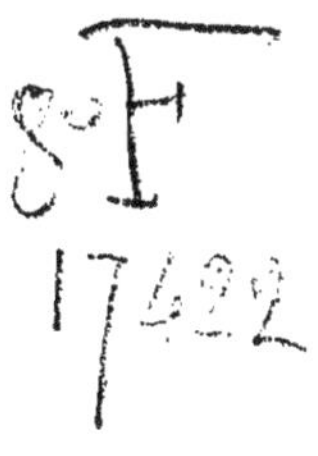

MINISTÈRE DU COMMERCE, DE L'INDUSTRIE ET DU TRAVAIL.

DIRECTION DE L'ASSURANCE ET DE LA PRÉVOYANCE SOCIALES.

RÉGLEMENTATION
DU CONTRÔLE DES ASSSURANCES SUR LA VIE.

LOI DU 17 MARS 1905

relative à la surveillance et au contrôle des sociétés d'assurances sur la vie et de toutes les entreprises dans les opérations desquelles intervient la durée de la vie humaine.

(*Journal officiel* du 20 mars 1905.)

LE SÉNAT ET LA CHAMBRE DES DÉPUTÉS ONT ADOPTÉ,

LE PRÉSIDENT DE LA RÉPUBLIQUE PROMULGUE LA LOI DONT LA TENEUR SUIT :.

TITRE Ier.

ENREGISTREMENT DES ENTREPRISES.

ART. 1er. — Sont assujetties à la présente loi les entreprises françaises ou étrangères de toute nature qui contractent des engagements dont l'exécution dépend de la durée de la vie humaine.

Sont exceptées les sociétés définies par la loi du 1er avril 1898 sur les sociétés de secours mutuels et les institutions de prévoyance publiques ou privées régies par des lois spéciales.

ART. 2. — Ces entreprises doivent limiter leurs opérations à une ou plusieurs de celles qui font l'objet de la présente loi. Il leur est interdit de stipuler ou de réaliser l'exécution de contrats ou l'attribution de bénéfices par la voie de tirage au sort.

Elles ne peuvent fonctionner qu'après avoir été enregistrées, sur leur demande, par le Ministre du Commerce. Dans le délai maximum de six mois à dater du dépôt de la demande, le Ministre du Commerce fait mentionner l'enregistrement au *Journal officiel* ou notifie le refus d'enregistrement aux intéressés.

Aucune modification, soit aux statuts, soit aux tarifs de primes ou cotisations, ne peut être mise en vigueur qu'après nouvel enregistrement obtenu dans les mêmes formes.

Art. 3. — Le refus d'enregistrement doit être motivé par une infraction soit aux lois, notamment à celles qui régissent les sociétés, soit aux décrets prévus par l'article 9 ci-après.

Les intéressés peuvent former un recours pour excès de pouvoir devant le Conseil d'État qui devra statuer dans les trois mois.

TITRE II.

GARANTIES.

Art. 4. — Pour les sociétés françaises anonymes ou en commandite, les statuts doivent spécifier la dissolution obligatoire en cas de perte de la moitié du capital social.

Pour les sociétés à forme mutuelle ou à forme tontinière, les statuts déterminent le mode de règlement et l'emploi des sommes perçues, ainsi que la quotité des prélèvements destinés à faire face aux frais de gestion de l'entreprise.

Art. 5. — Les sociétés françaises anonymes ou en commandite doivent avoir un capital social au moins égal à 2 millions de francs.

Les sociétés françaises à forme mutuelle ou à forme tontinière devront constituer un fonds de premier établissement qui ne peut être inférieur à 50,000 francs et qui doit être amorti en quinze ans au plus.

Toutes les entreprises sont tenues, en outre, de constituer, dans les conditions prévues à l'article 9, paragraphe 4, une réserve de garantie qui tient lieu du prélèvement prescrit par l'article 36 de la loi du 24 juillet 1867. Toutefois, cette réserve n'est pas obligatoire pour les opérations à forme tontinière.

Art. 6. — Toutes les entreprises qui contractent des engagements déterminés sont tenues de constituer des réserves mathématiques, égales à la différence entre les valeurs des engagements respectivement pris par elles et par les assurés dans les conditions déterminées par le décret prévu à l'article 9, paragraphe 5. Cette obligation ne s'applique aux entreprises étrangères que pour les contrats souscrits ou exécutés en France et en Algérie.

Les entreprises produiront annuellement, à l'époque et dans les formes déterminées par le Ministre, et après avis du comité consultatif des assurances sur la vie prévu à l'article 10, la comparaison : 1° entre la mortalité réelle de leurs assurés et la mortalité prévue par les tables admises pour le calcul de leurs réserves mathématiques et de leurs tarifs; 2° entre le taux de leurs placements réels et celui qui a été admis pour les calculs susvisés.

En cas d'écarts notables ou répétés portant sur un de ces éléments, des arrêtés ministériels peuvent exiger, au plus tous les cinq ans, une rectification des bases du calcul des réserves mathématiques des opérations en cours et des tarifs des primes ou cotisations.

Ces arrêtés sont pris sur avis conforme du comité consultatif des assurances sur la vie, les représentants de l'entreprise ayant été entendus et mis en demeure de fournir leurs observations par écrit dans un délai d'un mois. Ils fixent le délai dans lequel la rectification doit être opérée; le montant des versements corrélatifs à la rectification des réserves mathématiques doit être, à la fin de chaque exercice, au moins proportionnel à la fraction du délai courue.

Les sociétés à forme tontinière sont tenues de faire, dans les conditions fixées par le décret prévu à l'article 9, paragraphe 7, emploi immédiat de toutes les cotisations, déduction faite des frais de gestion statutaires.

Art. 7. — Lorsque les bénéfices revenant aux assurés ne sont pas payables immédiatement après la liquidation de l'exercice qui les a produits, un compte individuel doit mentionner chaque année la part de ces bénéfices attribuable à chacun des contrats souscrits ou exécutés en France et en Algérie et être adressé aux assurés.

Jusqu'à concurrence du montant des réserves mathématiques et de la réserve de garantie, ainsi que du montant des comptes spécifiés à l'alinéa précédent, l'actif des entreprises françaises est affecté au règlement des opérations d'assurances par un privilège qui prendra rang après le paragraphe 6 de l'article 2101 du Code civil.

Pour les entreprises étrangères, les valeurs représentant la portion d'actif correspondante doivent, à l'exception des immeubles, faire l'objet d'un dépôt à la Caisse des dépôts et consignations, dans les conditions prévues à l'article 9, paragraphe 6. Le seul fait de ce dépôt confère privilège aux assurés, sur lesdites valeurs, pour les contrats souscrits ou exécutés en France et en Algérie.

Art. 8. — Un règlement d'administration publique, rendu sur la proposition des Ministres du Commerce et des Finances, détermine les biens mobiliers et immobiliers en lesquels devra être effectué le placement de l'actif des entreprises françaises et, pour les entreprises étrangères, de la portion d'actif afférente aux contrats souscrits ou exécutés en France et en Algérie, ainsi que le mode d'évaluation annuelle des différentes catégories de placements et les garanties à présenter pour les valeurs qui ne pourraient avoir la forme nominative.

Les entreprises sont tenues de produire au Ministre, dans les formes et délais qu'il prescrit après avis du comité consultatif, des états périodiques des modifications survenues dans la composition de leur actif.

Art. 9. — Des décrets rendus après avis du comité consultatif des assurances sur la vie prévu à l'article ci-après déterminent :

1° Les pièces et justifications à produire à l'appui des demandes d'enregistrement, ainsi que le montant du dépôt préalable à effectuer à la Caisse des dépôts et consignations par les différentes catégories d'entreprises et les conditions de réalisation et de restitution dudit dépôt;

2° Le délai passé lequel cessera d'être valable l'enregistrement d'une entreprise qui n'aurait pas commencé à fonctionner;

3° Le maximum des dépenses de premier établissement pour les différentes espèces d'entreprises françaises et le délai d'amortissement desdites dépenses;

4° La fixation, pour chaque catégorie d'entreprises, de la réserve de garantie;

5° Les différentes tables de mortalité, le taux d'intérêt et les chargements d'après lesquels doivent être calculées au minimum les primes ou cotisations des opérations à réaliser, ainsi que les réserves mathématiques. Publication de ces fixations est effectuée au *Journal officiel* au moins six mois avant le début du premier exercice auquel elles doivent s'appliquer;

6° Les conditions de dépôt et de retrait des valeurs représentant, pour les entreprises étrangères, la portion d'actif visée à l'article 7;

7° Les conditions dans lesquelles doivent être gérées les entreprises à forme tontinière;

8° Les conditions dans lesquelles les entreprises sont tenues d'inscrire sur des registres spéciaux les contrats souscrits ou exécutés en France et en Algérie;

9° Les conditions dans lesquelles doivent fonctionner les entreprises de gestion d'assurances sur la vie, et suivant lesquelles peuvent être perçus les frais de gestion dans les limites d'un maximum fixé. Ces entreprises doivent déposer à la Caisse des dépôts et consignations un capital de garantie de 100,000 francs. Elles ne peuvent valablement se faire attribuer la gestion pour une période initiale de plus de vingt ans, à l'expiration de laquelle leur mandat ne pourra être renouvelé pour des périodes de plus de dix ans. Chaque renouvellement ne pourra être effectué qu'un an avant l'expiration de la période en cours.

TITRE III.

SURVEILLANCE ET CONTRÔLE.

ART. 10. — Il est constitué auprès du Ministre du Commerce un comité consultatif des assurances sur la vie, composé de vingt et un membres, savoir : deux sénateurs et trois députés élus par leurs collègues, le directeur de l'assurance et de la prévoyance sociales au Ministère du Commerce, le directeur général de la Caisse des dépôts et consignations, un représentant du Ministre des Finances, trois membres agrégés de l'Institut des actuaires français, le président de la chambre de commerce ou un membre de la chambre délégué par lui, un professeur de la Faculté de droit de Paris, deux directeurs ou administrateurs de sociétés d'assurances à forme mutuelle ou à forme tontinière, deux directeurs ou administrateurs de sociétés anonymes ou en commandite d'assurances, quatre personnes spécialement compétentes en matière d'assurances sur la vie.

Un décret détermine le mode de nomination et de renouvellement des membres, ainsi que la désignation du président, du vice-président et du secrétaire.

Le comité doit être consulté au sujet des demandes d'enregistrement prévues par l'article 2, et dans les autres cas prévus par la présente loi. Il peut être saisi par le Ministre de toutes autres questions relatives à l'application de la loi.

La présence de neuf membres au moins est nécessaire pour la validité de ses délibérations, dans les cas spécifiés au troisième alinéa de l'article 6, à l'article 18 et à l'article 21.

ART. 11. — Toute entreprise est tenue : 1° de publier en langue française un compte rendu annuel de toutes ses opérations, avec états et tableaux annexes; 2° de produire ledit compte rendu au Ministre du Commerce et de le déposer aux greffes des tribunaux civils et des tribunaux de commerce, tant du département de la Seine que du siège social, 3° de le délivrer à tout assuré ou associé qui en fait la demande, moyennant le payement d'une somme qui ne peut excéder 1 franc; 4° de publier annuellement et à ses frais au *Journal officiel* un compte rendu sommaire comprenant : le compte général des profits et pertes, la balance générale des écritures et le mouvement général des opérations en cours.

Des arrêtés ministériels pris après avis du comité consultatif des assurances sur la vie déterminent, au moins trois mois avant le début de l'exercice, les modèles des états et tableaux à annexer au compte rendu publié, la date de production et de dépôt du compte rendu, la forme et le délai de la publication prescrite au *Journal officiel*.

Les entreprises doivent en outre communiquer au Ministre, à toute époque et dans les formes et délais qu'il détermine, tous les documents et éclaircissements qui lui paraissent nécessaires.

Elles sont soumises à la surveillance de commissaires contrôleurs assermentés qui seront recrutés dans les conditions déterminées par décrets, après avis du comité consultatif des assurances sur la vie, et qui pourront à toute époque vérifier sur place toutes les opérations, indépendamment de toutes personnes exceptionnellement déléguées par le Ministre à cet effet.

Art. 12. — Les entreprises étrangères doivent, en ce qui concerne les opérations régies par la présente loi, avoir en France et en Algérie un siège spécial et une comptabilité spéciale pour tous les contrats souscrits ou exécutés en France et en Algérie et accréditer auprès du Ministre du Commerce un agent préposé à la direction de toutes ces opérations. Cet agent doit être domicilié en France; il représente seul l'entreprise auprès du Ministre, vis-à-vis des titulaires de contrats souscrits en France et en Algérie et devant les tribunaux. Il doit justifier au préalable de pouvoirs statutaires suffisants pour la gestion directe de l'entreprise en France et en Algérie, notamment, pour la signature des polices, avenants, quittances et autres pièces relatives aux opérations réalisées.

Toute entreprise est tenue de produire au Ministre du Commerce, dans le délai qu'il détermine, la traduction en langue française, certifiée conforme, des documents en langue étrangère se rapportant à ses opérations et pour lesquels cette traduction est requise.

Les conditions générales et particulières des polices, les avenants et autres documents se rapportant à l'exécution des contrats doivent être rédigés ou traduits en langue française. Dans ce dernier cas, le texte français fait seul foi à l'égard des assurés français.

Art. 13. — Le Ministre du Commerce présente chaque année au Président de la République et fait publier au *Journal officiel* un rapport d'ensemble sur le fonctionnement de la présente loi et sur la situation de toutes les entreprises qu'elle régit.

Les frais de toute nature résultant de la surveillance et du contrôle sont à la charge des entreprises. Un arrêté ministériel fixe, à la fin de chaque exercice, la répartition des ces frais entre les entreprises, au prorata du montant global des primes et des cotisations de toute nature encaissées par elles au cours de l'exercice, exception faite des opérations réalisées hors de France et d'Algérie par les entreprises étrangères, et sans que la contribution de chacune des entreprises puisse dépasser 1. p. 1,000 dudit montant.

Il y joint le compte détaillé des recettes et dépenses afférentes à la surveillance et au contrôle des entreprises.

TITRE IV.

PÉNALITÉS.

Art. 14. — Les entreprises sont passibles, de plein droit et sans aucune mise en demeure, d'amendes administratives, recouvrées comme en matière d'enregistrement, à la requête du Ministre du Commerce, savoir :

1° D'une amende de 20 francs par jour pour retard apporté à chacune des productions visées par le troisième alinéa de l'article 11 et le deuxième alinéa de l'article 12;

2° D'une amende de 100 francs par jour pour retard apporté à chacune des productions ou publications visées par le deuxième alinéa de l'article 6, les paragraphes 1er, 2 et 4 de l'article 11.

Art. 15. — Les contraventions aux dispositions des premier et troisième alinéas de l'article 6, aux premier et troisième alinéas de l'article 7, à l'article 8, à l'article 20, à l'article 21, ainsi qu'au règlement d'administration publique prévu par l'article 8 et aux décrets prévus par les paragraphes 3 à 8 de l'article 9, sont constatées par procès-verbaux des commissaires contrôleurs, qui font foi jusqu'à preuve contraire sans préjudice des constatations et poursuites de droit commun; elles sont poursuivies devant le tribunal correctionnel à la requête du ministère public et punies d'une amende de 100 à 5,000 francs, et, en cas de récidive, de 500 à 10,000 francs.

Art. 16. — Sont poursuivis devant le tribunal correctionnel, et passibles d'une amende de 16 à 100 francs, toute personne qui aurait proposé ou fait souscrire des polices d'assurances, et notamment chacun des administrateurs ou directeurs d'entreprises qui réalisent des opérations visées par la présente loi avant la publication au *Journal officiel* de l'enregistrement prévu à l'article 2, ou qui effectuent des opérations nouvelles après la publication du décret prévu par l'article 18 ou après le refus d'enregistrement prévu par l'article 19.

L'amende est prononcée pour chacune des opérations réalisées par le contrevenant, qui peut être, en outre, en cas de récidive, condamné à un emprisonnement d'un mois au plus.

Sous les mêmes peines, les prospectus, affiches, circulaires et tous autres documents destinés à être distribués au public ou publiés par une entreprise assujettie à la présente loi doivent toujours porter, à la suite du nom ou de la raison sociale de l'entreprise, la mention ci-après, en caractères uniformes : «Entreprise privée, assujettie au contrôle de l'État», sans renfermer aucune assertion susceptible d'induire en erreur soit sur la véritable nature ou l'importance réelle des opérations, soit sur la portée du contrôle.

Toute déclaration ou dissimulation frauduleuse, soit dans les comptes rendus, soit dans tous autres documents produits au Ministre du Commerce ou portés à la connaissance du public, est punie des peines prévues par l'article 405 du Code pénal.

L'article 463 du Code pénal est applicable à tous les faits punis par le présent article et l'article précédent.

Art. 17. — Les jugements prononcés contre les entreprises ou leurs représentants, en exécution de l'article précédent et de l'article 15, doivent être publiés, aux frais des condamnés ou des entreprises civilement responsables, dans le *Journal officiel* et dans deux autres journaux au moins, désignés par le tribunal.

Art. 18. — L'enregistrement d'une entreprise, effectué en vertu de l'article 2 de la présente loi, cesse d'être valable dès qu'un décret constate que l'entreprise ne fonctionne plus en conformité soit de ses statuts, soit de la présente loi ou des décrets et arrêtés qu'elle prévoit. Ce décret est rendu après avis conforme du comité consultatif des assurances sur la vie, les représentants de l'entreprise ayant été mis en demeure de fournir leurs observations par écrit ou d'être entendus dans un délai d'un mois sur communication des irrégularités relevées contre l'entreprise. Le comité doit émettre son avis motivé dans le mois suivant.

Dans un délai de huitaine, à compter de la notification du décret, l'entreprise peut se pourvoir pour excès de pouvoir devant le Conseil d'État, qui doit statuer dans le mois. Ce pourvoi est suspensif. La publication du décret au *Journal officiel* ne pourra être faite qu'après le rejet du pourvoi par le Conseil d'État.

TITRE V.

DISPOSITIONS TRANSITOIRES.

Art. 19. — Les entreprises françaises ou étrangères soumises à la présente loi et opérant en France ou en Algérie à l'époque de sa promulgation sont tenues de se conformer immédiatement à ses dispositions, et notamment de demander l'enregistrement spécifié à l'article 2, dans un délai de deux mois à compter de la promulgation des règlements d'administration publique prévus par les articles 8 et 22, ainsi que des décrets prévus par l'article 9.

Elles peuvent toutefois continuer provisoirement leurs opérations jusqu'à ce que solution soit donnée à cette demande.

Art. 20. — Les entreprises françaises régulièrement autorisées en vertu de la législation en vigueur pourront, après obtention de l'enregistrement spécifié à l'article 2, modifier, sans autorisation du Gouvernement, leurs statuts approuvés, à charge de se conformer à la législation sur les sociétés.

Par dérogation à l'article 5 ci-dessus, elles ne seront pas tenues d'élever leur capital social au minimum spécifié audit article.

Elles pourront, d'autre part, si elles obtiennent l'enregistrement prévu à l'article précédent, conserver les placements antérieurement effectués par elles en conformité de leurs statuts, sans tenir compte des limitations imposées par le règlement d'administration publique prévu à l'article 8, sous réserve de ne plus effectuer, à compter de sa promulgation, aucun placement dans les catégories pour lesquelles les limites fixées seront atteintes ou dépassées, et ce, jusqu'à ce que la proportion réglementaire soit rétablie.

Toutefois, l'emploi en placements sur première hypothèque, pour la moitié au plus de la valeur estimative, pourra, pendant une période maximum de vingt-cinq ans, être renouvelé pour une somme égale à celle que lesdites entreprises consacraient à cet emploi antérieurement au 1er juillet 1904.

Art. 21. — Pour chacune des entreprises enregistrées par application de l'article 19, un arrêté ministériel, pris sur avis conforme du comité consultatif des assurances sur la vie, fixe dans les conditions spécifiées à l'avant-dernier alinéa de l'article 6 les bases du calcul des réserves mathématiques des opérations réalisées antérieurement à la mise en vigueur du décret prévu par le paragraphe 5 de l'article 9.

Art. 22. — Est abrogé le premier alinéa de l'article 66 de la loi du 24 juillet 1867, ainsi que toutes autres dispositions relatives aux tontines et aux sociétés d'assurances sur la vie.

Un règlement d'administration publique déterminera les conditions dans lesquelles pourront être constituées les sociétés d'assurances sur la vie à forme mutuelle ou tontinière.

Art. 23. — La présente loi est applicable à l'Algérie et aux colonies de la Réunion, la Martinique, la Guadeloupe, la Guyane, l'Inde française et la Nouvelle-Calédonie.

La présente loi, délibérée et adoptée par le Sénat et par la Chambre des députés, sera exécutée comme loi de l'État.

ÉMILE LOUBET.

Par le Président de la République :

Le Ministre du Commerce, de l'Industrie,
des Postes et des Télégraphes,

F. DUBIEF.

Le Ministre des Finances,

ROUVIER.

DÉCRET DU 17 MARS 1905

relatif au comité consultatif d'assurances sur la vie.

(*Journal officiel* du 20 mars 1905.)

Le Président de la République française,

Sur le rapport du Ministre du Commerce, de l'Industrie, des Postes et des Télégraphes,

Vu la loi du 17 mars 1905 relative à la surveillance et au contrôle des sociétés d'assurances sur la vie et de toutes les entreprises dans les opérations desquelles intervient la durée de la vie humaine ;

Vu l'article 10 de ladite loi, instituant auprès du Ministre du Commerce un Comité consultatif des assurances sur la vie, et spécialement les deux premiers alinéas dudit article ainsi conçus :

«Il est institué auprès du Ministre du Commerce un Comité consultatif des «assurances sur la vie, composé de vingt et un membres, savoir: deux sénateurs

« et trois députés élus par leurs collègues ; le directeur de l'assurance et de la
« prévoyance sociales au Ministère du Commerce, le directeur général de la
« Caisse des dépôts et consignations, un représentant du Ministre des Finances,
« trois membres agrégés de l'Institut des actuaires français, le président de la
« Chambre de commerce ou un membre de la Chambre délégué par lui, un pro-
« fesseur de la Faculté de droit de Paris, deux directeurs ou administrateurs de
« sociétés d'assurances à forme mutuelle ou à forme tontinière, deux directeurs
« ou administrateurs de sociétés anonymes ou en commandite d'assurances,
« quatre personnes spécialement compétentes en matière d'assurances sur la vie.
« Un décret détermine le mode de nomination et de renouvellement des
« membres, ainsi que la désignation du président, du vice-président et du
« secrétaire. »

DÉCRÈTE :

ART. 1er. — Les membres du Comité consultatif des assurances sur la vie autres
que les membres de droit sont respectivement élus ou nommés par décret, pour
quatre ans.

Le Comité est renouvelé par moitié tous les deux ans.

Pour le premier renouvellement, le sort désigne les membres dont le mandat
expire, par exception, au bout de deux ans.

Les membres sortants peuvent être renommés.

ART. 2. — Sont remplacés immédiatement les membres du Comité qui perdent
la qualité en raison de laquelle ils avaient été nommés.

ART. 3. — Le Ministre désigne le président et le vice-président du Comité
parmi ses membres.

En cas de partage, la voix du président est prépondérante.

ART. 4. — Le Secrétariat du Comité est assuré par un secrétaire et, s'il y
lieu, un secrétaire-adjoint, qui sont désignés par le Ministre.

ART. 5. — Le Comité peut, avec l'autorisation spéciale du Ministre, entendre
les personnes qu'il jugerait en état de l'éclairer sur les questions qui lui sont
soumises.

ART. 6. — Le Ministre du Commerce, de l'Industrie des Postes et des Télégraphes, est chargé de l'exécution du présent décret, qui sera publié au *Journal
officiel* de la République française et inséré au *Bulletin des Lois.*

ÉMILE LOUBET.

Par le Président de la République française :

*Le Ministre du Commerce, de l'Industrie,
des Postes et des Télegraphes,*

F. DUBIEF.

DÉCRET DU 20 JANVIER 1906

relatif à la déchéance d'enregistrement des entreprises d'assurances sur la vie.

(Journal officiel du 25 janvier 1906.)

LE PRÉSIDENT DE LA RÉPUBLIQUE FRANÇAISE,

Sur le rapport du Ministre du Commerce, de l'Industrie, des Postes et des Télégraphes,

Vu la loi du 17 mars 1905 relative à la surveillance et au contrôle des sociétés d'assurances sur la vie et de toutes les entreprises dans les opérations desquelles intervient la durée de la vie humaine;

Vu spécialement l'article 9 de ladite loi, ainsi conçu :

« Des décrets rendus après avis du Comité consultatif des assurances sur la vie prévu à l'article ci-après déterminent :

« 1° Les pièces et justifications à produire à l'appui des demandes d'enregistrement, ainsi que le montant du dépôt préalable à effectuer à la Caisse des dépôts et consignations par les différentes catégories d'entreprises et les conditions de réalisation et de restitution dudit dépôt;

« 2° Le délai passé lequel cessera d'être valable l'enregistrement d'une entreprise qui n'aurait pas commencé à fonctionner;

« 3° Le maximum des dépenses de premier établissement pour les différentes espèces d'entreprises françaises et le délai d'amortissement desdites dépenses;

« 4° La fixation, pour chaque catégorie d'entreprise, de la réserve de garantie;

« 5° Les différentes tables de mortalité, le taux d'intérêt et les chargements d'après lesquels doivent être calculées au minimum les primes ou cotisations des opérations à réaliser, ainsi que les réserves mathématiques. Publication de ces fixations est effectuée au *Journal officiel* au moins six mois avant le début du premier exercice auquel elles doivent s'appliquer;

« 6° Les conditions de dépôt et de retrait des valeurs représentant, pour les entreprises étrangères, la portion d'actif visée à l'article 7;

« 7° Les conditions dans lesquelles doivent être gérées les entreprises à forme tontinière;

« 8° Les conditions dans lesquelles les entreprises sont tenues d'inscrire sur des registres spéciaux les contrats souscrits ou exécutés en France et en Algérie;

« 9° Les conditions dans lesquelles doivent fonctionner les entreprises de gestion d'assurances sur la vie, et suivant lesquelles peuvent être perçus les frais de gestion dans les limites d'un maximum fixé. Ces entreprises doivent déposer à la Caisse des dépôts et consignations un capital de garantie de 100,000 francs. Elles ne peuvent valablement se faire attribuer la gestion pour une période initiale de plus de vingt ans, à l'expiration de laquelle leur mandat ne pourra être

renouvelé pour des périodes de plus de dix ans. Chaque renouvellement ne pourra être effectué qu'un an avant l'expiration de la période en cours. »
Vu l'avis du Comité consultatif des assurances sur la vie,

Décrète :

Art. 1ᵉʳ. — L'enregistrement prévu à l'article 2 de la loi du 17 mars 1905 cesse d'être valable, si l'entreprise n'a pas commencé à fonctionner dans le délai d'un an à partir de la publication de l'enregistrement au *Journal officiel.*

Art. 2. — Toute entreprise qui, avant l'expiration dudit délai, n'a pas justifié de ce fonctionnement, est de plein droit déchue du bénéfice de l'enregistrement et ne pourra réaliser d'opérations qu'après un enregistrement nouveau. Le Ministère du Commerce fait mentionner cette déchéance au *Journal officiel.*

Art. 3. — Le Ministre du Commerce, de l'Industrie, des Postes et des Télégraphes est chargé de l'exécution du présent décret, qui sera publié au *Journal officiel* de la République française et inséré au *Bulletin des lois.*

ÉMILE LOUBET.

Par le Président de la République :

Le Ministre du Commerce, de l'Industrie,
des Postes et de Télégraphes,

G. Trouillot.

DÉCRET DU 20 JANVIER 1906

relatif aux dépenses de premier établissement des entreprises françaises d'assurances sur la vie.

(*Journal officiel* du 25 janvier 1906.)

Le Président de la République française,

Sur le rapport du Ministre du Commerce, de l'Industrie, des Postes et des Télégraphes,
Vu la loi du 17 mars 1905 relative à la surveillance et au contrôle des sociétés d'assurances sur la vie et de toutes les entreprises dans les opérations desquelles intervient la durée de la vie humaine;
Vu spécialement l'article 9 de ladite loi, ainsi conçu :
« Des décrets rendus après avis du Comité consultatif des assurances sur la vie prévu à l'article ci-après déterminent :
« 1° Les pièces et justifications à produire à l'appui des demandes d'enregis-

trement, ainsi que le montant du dépôt préalable à effectuer à la Caisse des dépôts et consignations par les différentes catégories d'entreprises et les conditions de réalisation et de restitution dudit dépôt;

« 2° Le délai passé lequel cessera d'être valable l'enregistrement d'une entreprise qui n'aurait pas commencé à fonctionner;

« 3° Le maximum des dépenses de premier établissement pour les différentes espèces d'entreprises françaises et le délai d'amortissement desdites dépenses;

« 4° La fixation, pour chaque catégorie d'entreprise, de la réserve de garantie;

« 5° Les différentes tables de mortalité, le taux d'intérêt et les chargements d'après lesquels doivent être calculées au minimum les primes ou cotisations des opérations à réaliser, ainsi que les réserves mathématiques. Publication de ces fixations est effectuée au *Journal officiel* au moins six mois avant le début du premier exercice auquel elles doivent s'appliquer;

« 6° Les conditions de dépôt et de retrait des valeurs représentant, pour les entreprises étrangères, la portion d'actif visée à l'article 7;

« 7° Les conditions dans lesquelles doivent être gérées les entreprises à forme tontinière;

« 8° Les conditions dans lesquelles les entreprises sont tenues d'inscrire sur des registres spéciaux les contrats souscrits ou exécutés en France et en Algérie;

« 9° Les conditions dans lesquelles doivent fonctionner les entreprises de gestion d'assurances sur la vie, et suivant lesquelles peuvent être perçus les frais de gestion dans les limites d'un maximum fixé. Ces entreprises doivent déposer à la Caisse des dépôts et consignations un capital de garantie de 100,000 francs. Elles ne peuvent valablement se faire attribuer la gestion pour une période initiale de plus de vingt ans, à l'expiration de laquelle leur mandat ne pourra être renouvelé pour des périodes de plus de dix ans. Chaque renouvellement ne pourra être effectué qu'un an avant l'expiration de la période en cours. »

Vu l'avis du Comité consultatif des assurances sur la vie,

DÉCRÈTE :

ART. 1er. — Les dépenses de premier établissement des entreprises françaises sont limitées :

1° Pour les sociétés à forme mutuelle ou tontinière, à la quotité du fonds de premier établissement;

2° Pour les autres sociétés, au quart du capital social.

ART. 2. — Ces dépenses doivent être complètement amorties en quinze ans au plus à compter de l'enregistrement.

ART. 3. — Le Ministre du Commerce, de l'Industrie, des Postes et des Télégraphes est chargé de l'exécution du présent décret, qui sera publié au *Journal officiel* de la République française et inséré au *Bulletin des lois*.

ÉMILE LOUBET.

Par le Président de la République :

Le Ministre du Commerce, de l'Industrie,
des Postes et des Télégraphes,

G. TROUILLOT.

DÉCRET DU 20 JANVIER 1906

déterminant les différentes tables de mortalité, le taux d'intérêt et les chargements d'après lesquels doivent être calculées au minimum les primes ou cotisations des opérations à réaliser par les entreprises d'assurances sur la vie, ainsi que les réserves mathématiques.

(Journal officiel du 25 janvier 1906.)

LE PRÉSIDENT DE LA RÉPUBLIQUE FRANÇAISE,

Sur le rapport du Ministre du Commerce, de l'Industrie, des Postes et des Télégraphes;

Vu la loi du 17 mars 1905 relative à la surveillance et au contrôle des sociétés d'assurances sur la vie et de toutes les entreprises dans les opérations desquelles intervient la durée de la vie humaine;

Vu spécialement l'article 9 de ladite loi, ainsi conçu :

«Des décrets rendus après avis du Comité consultatif des assurances sur la vie prévu à l'article ci-après déterminent :

«1° Les pièces et justifications à produire à l'appui des demandes d'enregistrement, ainsi que le montant du dépôt préalable à effectuer à la Caisse des dépôts et consignations par les différentes catégories d'entreprises et les conditions de réalisation et de restitution dudit dépôt;

«2° Le délai passé lequel cessera d'être valable l'enregistrement d'une entreprise qui n'aurait pas commencé à fonctionner;

«3° Le maximum des dépenses de premier établissement pour les différentes espèces d'entreprises françaises et le délai d'amortissement desdites dépenses ;

«4° La fixation, pour chaque catégorie d'entreprise, de la réserve de garantie;

«5° Les différentes tables de mortalité, le taux d'intérêt et les chargements d'après lesquels doivent être calculées au minimum les primes ou cotisations des opérations à réaliser, ainsi que les réserves mathématiques. Publication de ces fixations est effectuée au *Journal officiel* au moins six mois avant le début du premier exercice auquel elles doivent s'appliquer;

«6° Les conditions de dépôt et de retrait des valeurs représentant, pour les entreprises étrangères, la portion d'actif visée à l'article 7;

«7° Les conditions dans lesquelles doivent être gérées les entreprises à forme tontinière;

«8° Les conditions dans lesquelles les entreprises sont tenues d'inscrire sur des registres spéciaux les contrats souscrits ou exécutés en France et en Algérie;

«9° Les conditions dans lesquelles doivent fonctionner les entreprises de gestion d'assurances sur la vie et suivant lesquelles peuvent être perçus les frais de gestion dans les limites d'un maximum fixé. Ces entreprises doivent déposer à la Caisse des dépôts et consignations un capital de garantie de 100,000 francs. Elles ne peuvent valablement se faire attribuer la gestion pour une période initiale de plus de vingt ans, à l'expiration de laquelle leur mandat ne pourra être renouvelé pour des périodes de plus de dix ans. Chaque renouvellement ne pourra être effectué qu'un an avant l'expiration de la période en cours. »

Vu l'avis du Comité consultatif des assurances sur la vie,

Décrète :

Art. 1er. — A titre provisoire, et sans préjudice des attributions d'excédents ou bénéfices qui peuvent être dues ou consenties aux assurés en fin d'exercices, les primes ou cotisations des opérations à réaliser, ainsi que les réserves mathématiques correspondantes, doivent être calculées au minimum sur les bases ci-après :

I. — Pour les sociétés d'assurances à forme mutuelle qui ne payent aucune commission, ni aucune rétribution, sous quelque forme que ce soit, pour l'acquisition des assurances, et qui l'ont stipulé dans leurs statuts :

1° Le taux d'intérêt de 3,5 p. o/o;

2° La table de mortalité A F pour les assurances en cas de décès; la table de mortalité C R pour les assurances en cas de vie et les rentes viagères;

3° Un chargement de 6 p. o/o de la prime ou cotisation brute pour frais de gestion et un chargement de 1 p. o/o pour frais d'encaissement;

II. — Pour toutes les autres entreprises d'assurances à forme mutuelle, anonyme en commandite ou autres qui rétribuent l'acquisition des assurances :

1° Le taux d'intérêt de 3,5 p. o/o;

2° La table de mortalité A F pour les assurances en cas de décès; la table de mortalité R F pour les assurances en cas de vie et les rentes viagères;

3° Un chargement égal, pour les assurances en cas décès (y compris les assurances mixtes et à terme fixe), à :

3,5 p. o/oo du capital assuré, sur chacune des primes annuelles supposées payables pendant la durée entière de l'assurance, pour frais de gestion,

6 p. o/o de chacune des primes brutes, pour frais d'encaissement,

1 p. o/o du capital assuré, pour frais d'acquisition.

Toutefois, dans le cas des assurances temporaires, ce dernier chargement est fixé à 1/25 p. o/o du capital assuré, par année de durée, sans pouvoir excéder 1 p. o/o. Dans le cas des assurances de rentes de survie, le chargement pour frais de gestion est de 3,5 p. o/o de la rente assurée, jusqu'au décès du survivant, et le chargement pour frais d'acquisition de 10/25 p. o/o de la rente, par année de durée de l'assurance, lorsque celle-ci est temporaire, sans pouvoir excéder dans aucun cas 10 p. o/o;

4° Un chargement égal, pour les assurances en cas de vie, à :

1 p. o/oo du capital assuré, sur chacune des primes annuelles supposées payables pendant la durée entière de l'assurance, pour frais de gestion,

2,5 p. o/o de chacune des primes brutes, pour frais d'encaissement,

0,5 p. o/o de la prime unique brute, pour frais d'acquisition;

5° Un chargement égal, pour les rentes viagères, à :

4 p. o/o de la rente assurée, pour frais de gestion,

1 p. o/o de la rente assurée, pour frais de payement,

3 p. o/o de la prime brute unique, pour frais d'acquisition.

Toutefois, dans le cas des rentes viagères différées, les chargements sont ceux d'un capital différé dont le montant serait égal au capital constitutif de la rente à l'échéance, plus ceux correspondant aux frais de gestion et de payement de ladite rente.

Art. 2. — Les bases applicables à des opérations procédant d'une combinaison de différentes opérations élémentaires sont déterminées par analogie.

Art. 3. — Les réserves mathématiques ne peuvent être inférieures à celles qui seraient obtenues au moyen de primes d'inventaire égales aux primes brutes, calculées comme il est dit aux articles 1er et 2, dépouillées de la portion du chargement destinée à couvrir les frais d'encaissement et les frais d'acquisition.

Il est tenu compte dans leur calcul de l'échéance et du fractionnement des primes ou cotisations et, en ce qui concerne les rentes viagères immédiates, de l'échéance des arrérages.

Art. 4. — Les primes et les réserves mathématiques des assurances avec participation aux bénéfices dans lesquelles le résultat de la participation est déterminé d'avance doivent être majorées en conséquence.

Art. 5. — Le Ministre du Commerce, de l'Industrie, des Postes et des Télégraphes est chargé de l'exécution du présent décret, qui sera publié au *Journal officiel* de la République française et inséré au *Bulletin des lois.*

ÉMILE LOUBET.

Par le Président de la République :

Le Ministre du Commerce, de l'Industrie,
des Postes et des Télégraphes,

G. Trouillot.

DÉCRET DU 20 JANVIER 1906

relatif à l'inscription des contrats d'assurances sur la vie.

(*Journal officiel* du 26 janvier 1906.)

Le Président de la République française,

Sur le rapport du Ministre du Commerce, de l'Industrie des Postes et des Télégraphes,

Vu la loi du 17 mars 1905, relative à la surveillance et au contrôle des sociétés d'assurances sur la vie et de toutes les entreprises dans les opérations desquelles intervient la durée de la vie humaine ;

Vu spécialement l'article 9 de ladite loi, ainsi conçu :

« Des décrets rendus après avis du comité consultatif des assurances sur la vie prévu à l'article ci-après déterminent :

« 1° Les pièces et justifications à produire à l'appui des demandes d'enregis

3.

trement, ainsi que le montant du dépôt préalable à effectuer à la Caisse des dépôts et consignations par les différentes catégories d'entreprises et les conditions de réalisation et de restitution dudit dépôt;

«2° Le délai passé lequel cessera d'être valable l'enregistrement d'une entreprise qui n'aurait pas commencé à fonctionner;

«3° Le maximum des dépenses de premier établissement pour les différentes espèces d'entreprises françaises et le délai d'amortissement desdites dépenses.

«4° La fixation, pour chaque catégorie d'entreprise, de la réserve de garantie.

«5° Les différentes tables de mortalité, le taux d'intérêt et les chargements d'après lesquels doivent être calculées au minimum les primes ou cotisations des opérations à réaliser, ainsi que les réserves mathématiques. Publication de ces fixations est effectuée au *Journal officiel* au moins six mois avant le début du premier exercice auquel elles doivent s'appliquer.

«6° Les conditions de dépôt et de retrait des valeurs représentant, pour les entreprises étrangères, la portion d'actif visée à l'article 7;

«7° Les conditions dans lesquelles doivent être gérées les entreprises à forme tontinière.

«8° Les conditions dans lesquelles les entreprises sont tenues d'inscrire sur des registres spéciaux les contrats souscrits ou exécutés en France et en Algérie.

«9° Les conditions dans lesquelles doivent fonctionner les entreprises de gestion d'assurances sur la vie, et suivant lesquelles peuvent être perçus les frais de gestion dans les limites d'un maximum fixé. Ces entreprises doivent déposer à la Caisse des dépôts et consignations un capital de garantie de 100,000 francs. Elles ne peuvent valablement se faire attribuer la gestion pour une période initiale de plus de vingt ans, à l'expiration de laquelle leur mandat ne pourra être renouvelé pour des périodes de plus de dix ans. Chaque renouvellement ne pourra être effectué qu'un an avant l'expiration de la période en cours».

Vu l'avis du Comité consultatif des assurances sur la vie,

Décrète :

Article 1er. — Les entreprises sont tenues d'inscrire, immédiatement après leur souscription, les contrats qu'elles acceptent soit directement, soit par réassurance, sur des registres spéciaux dans les conditions ci-après.

Art. 2. — Il doit être tenu un registre pour toute catégorie distincte d'assurances, notamment pour chacune des catégories suivantes :

1° Assurances en cas de décès pour la vie entière à primes viagères;
2° Assurances en cas de décès pour la vie entière à primes temporaires;
3° Assurances temporaires en cas de décès;
4° Assurances en cas de décès pour la vie entière, sur plusieurs têtes;
5° Assurances mixtes;
6° Assurances à terme fixé;
7° Assurances de capitaux de survie;
8° Assurances de rentes de survie;
9° Assurances dotales;
10° Assurances dites combinées;
11° Contre-assurances;
12° Assurances de capitaux différés sans contre-assurance;
13° Assurances de capitaux différés avec contre-assurance;
14° Assurances de rentes viagères différées;
15° Assurances de rentes viagères immédiates sur une tête;

16° Assurances de rentes viagères immédiates sur plusieurs têtes.

Pour celles des catégories qui comportent la participation aux bénéfices, les contrats souscrits avec participation doivent être séparés des contrats souscrits sans participation et, en outre, former des groupes distincts suivant que les bénéfices sont ou non payables immédiatement après la liquidation de l'exercice qui les a produits. Dans ce dernier cas, un groupement spécial doit correspondre à chaque système de participation.

ART. 3. — L'inscription de chaque contrat doit comporter un numéro d'ordre, ainsi que le numéro général du contrat. Elle doit indiquer :

1° La date de souscription et celle d'effet initial du contrat;

2° Les nom et prénoms, ainsi que la date de naissance de chacune des personnes sur la tête desquelles l'assurance repose;

3° S'il s'agit d'une assurance de survie, les nom et prénoms, ainsi que la date de naissance du survivant;

4° S'il s'agit d'une assurance dotale, les nom et prénoms, ainsi que la date de naissance du souscripteur assuré;

5° Le montant du capital assuré ou de la rente assurée, spécifié au contrat;

6° Le montant de la prime, unique ou annuelle, spécifié au contrat;

7° La date d'échéance de la première prime ou de la première fraction de prime annuelle;

8° Le nombre des primes annuelles, spécifié au contrat;

9° Pour les assurances à terme, la date d'échéance du contrat;

10° Pour les rentes, la date d'échéance du premier terme d'arrérages.

Le mode de fractionnement des primes et le mode de fractionnement des arrérages des rentes viagères doivent être mentionnés pour chaque contrat.

ART. 4. — Les fractions du capital ou de la rente, cédées en réassurance sur chaque contrat, doivent être indiquées avec mention des entreprises ayant accepté les réassurances.

ART. 5. — Toutes les annulations par suite de sinistre, d'échéance, de rachat ou pour toute autre cause doivent être immédiatement mentionnées sur le registre en regard de l'inscription.

Les contrats réduits doivent être signalés vis-à-vis de l'inscription par une mention expresse de réduction avec indication du montant du capital ou de la rente restant assuré.

ART. 6. — Les transformations de contrats doivent faire l'objet de mentions explicites sur le registre initial, ainsi que sur le registre auquel elles correspondent. Il en est de même des rentes différées ou de survie venant à échéance.

ART. 7. — Lorsque le produit de la participation aux bénéfices, au lieu d'être payé immédiatement en espèces, est réservé pour augmentation du capital assuré ou de la rente assurée, les accroissements successifs du capital ou de la rente doivent être mentionnés à leur date vis-à-vis du chiffre du capital ou de la rente initialement assuré.

Les réductions de la prime initiale résultant soit de la participation, soit de versements effectués au cours du contrat doivent être également mentionnées à leur date.

ART. 8. — Les entreprises à forme tontinière doivent, pour chaque association en cas de survie, ainsi que pour les associations en cas de décès, tenir un registre distinct mentionnant la durée de l'association et la date de son expiration.

L'inscription de chaque contrat sur ce registre doit comporter un numéro d'ordre et le numéro général du contrat. Elle doit indiquer :

1° Les nom et prénoms du souscripteur (personne qui contracte) ;

2° Les nom, prénoms et date de naissance du sociétaire (personne sur la tête de laquelle repose l'opération tontinière) ;

3° Les nom et prénoms du bénéficiaire (personne au profit de laquelle la souscription est effectuée) ;

4° Le montant brut de la souscription totale, spécifié au contrat, sans aucune déduction de frais de gestion ;

5° En ce qui concerne les associations en cas de décès, le montant de la somme probable devant revenir aux ayants droit ;

6° Le mode de payement et l'échéance des annuités ou cotisations à verser.

Les annulations et les réductions de contrats pour défaut de payement des annuités ou cotisations doivent être immédiatement mentionnées en regard de l'inscription correspondante.

ART. 9. — Les prescriptions ci-dessus, en ce qui concerne les contrats souscrits antérieurement à l'enregistrement, ne seront pas obligatoires pour les entreprises qui justifieront que les indications portées sur leurs livres relativement à ces contrats correspondent d'une manière suffisante aux objets visés par lesdites prescriptions.

ART. 10. — Le Ministre du Commerce, de l'Industrie, des Postes et des Télégraphes est chargé de l'exécution du présent décret, qui sera publié au *Journal officiel* de la République française et inséré au *Bulletin des lois*.

ÉMILE LOUBET.

Par le Président de la République française :

Le Ministre du Commerce, de l'Industrie,
des Postes et des Télégraphes.

G. TROUILLOT.

DÉCRET DU 12 MAI 1906.

Décret portant règlement d'administration publique pour l'exécution de l'article 22 de la loi du 17 mars 1905 et déterminant les conditions dans lesquelles pourront être constituées les sociétés d'assurances sur la vie à forme mutuelle ou tontinière.

(*Journal officiel* du 15 mai 1906.)

LE PRÉSIDENT DE LA RÉPUBLIQUE FRANÇAISE,

Sur le rapport du Ministre du Commerce, de l'Industrie et du Travail,

Vu la la loi du 17 mars 1905 relative à la surveillance et au contrôle .des sociétés d'assurances sur la vie et de toutes les entreprises dans les opérations desquelles intervient la durée de la vie humaine;

Vu spécialement l'article 22 de ladite loi, ainsi conçu :

« Est abrogé le premier alinéa de l'article 66 de la loi du 24 juillet 1867, ainsi que toutes autres dispositions relatives aux tontines et aux sociétés d'assurances sur la vie.

« Un règlement d'administration publique déterminera les conditions dans lesquelles pourront être constituées les sociétés d'assurances sur la vie à forme mutuelle ou tontinière »;

Le Conseil d'État entendu,

DÉCRÈTE :

TITRE Ier.

DISPOSITIONS GÉNÉRALES.

ARTICLE 1er. — Les sociétés à forme mutuelle ou tontinière contractant des engagements dont l'exécution dépend de la durée de la vie humaine peuvent se former soit par un acte authentique, soit par un acte sous seing privé, fait en double original quel que soit le nombre des signataires à l'acte.

ART. 2. — Les projets de statuts doivent: 1° indiquer l'objet, la durée, le siège, la dénomination de la société; 2° déterminer le montant du fonds de premier établissement; 3° fixer le nombre d'adhérents et le minimum de valeurs de contrats au-dessous desquels la société ne peut être valablement constituée, ainsi que la quote-part des premières cotisations qui devra être versée avant la constitution de la société.

ART. 3. — Le texte entier des projets de statuts doit être inscrit sur toute liste destinée à recevoir les adhésions.

ART. 4. — Lorsque le nombre des adhérents et le minimum de valeurs de contrats fixés par les projets de statuts, auront été réunis, les fondateurs de la société ou leurs fondés de pouvoirs le constatent par une déclaration devant notaire. A cette déclaration sont annexés : 1° la liste nominative dûment certifiée des adhérents, contenant leurs noms, prénoms, qualités et domiciles et le montant des contrats souscrits par chacun d'eux; 2° l'un des doubles de l'acte de société, s'il est sous seing privé, ou une expédition s'il est notarié et s'il a été passé devant un notaire autre que celui qui reçoit la déclaration; 3° l'état des versements effectués.

ART. 5. — La première assemblée générale, qui est convoquée à la diligence des fondateurs, vérifie la sincérité de la déclaration mentionnée à l'article précédent; elle nomme les membres du conseil d'administration. Elle nomme également pour la première année les commissaires institués par l'article 20 ci-après. Les membres du conseil d'administration ne peuvent être nommés pour plus de six ans; ils sont rééligibles, sauf stipulation contraire. Toutefois, ils peuvent être désignés par les statuts, avec stipulation formelle que leur nomination ne sera pas soumise à l'assemblée générale; dans ce cas, ils ne peuvent être nommés pour plus de trois ans.

La société n'est définitivement constituée qu'après l'acceptation des membre du conseil d'administration et des commissaires.

Art. 6. — Le compte des frais de premier établissement est apuré par le conseil d'administration et soumis à l'assemblée générale, qui l'arrête définitivement.

Art. 7. — Dans le mois de la constitution de la société, une expédition de la déclaration faite devant notaire et de ses annexes est déposée au greffe du tribunal civil de l'arrondissement dans lequel se trouve le siège de la société. A cette expédition est annexée une copie certifiée des délibérations prises par l'assemblée générale constitutive.

Art. 8. — Dans le même délai d'un mois, un extrait de l'acte constitutif et des pièces annexées est publié dans l'un des journaux qui se publient dans le lieu où siège le tribunal ou, s'il n'y en a pas, dans l'un de ceux publiés dans le département.

Art. 9. — L'extrait doit contenir la dénomination adoptée par la société, l'indication du siège social et la désignation des personnes autorisées à gérer, administrer et signer pour la société; il indique le nombre d'adhérents et la valeur de contrats souscrits au-dessous desquels la société ne pouvait être valablement constituée, l'époque où la société a commencé, celle où elle doit finir et la date du dépôt fait en exécution de l'article 7 ci-dessus. Il indique également si la société doit ou non constituer un fonds temporaire de garantie.

L'extrait des actes et pièces déposés est signé, pour les actes publics, par le notaire, et, pour les actes sous seing privé, par les membres du conseil d'administration.

Art. 10. — Tous actes et délibérations ayant pour objet la modification des statuts, la continuation de la société au delà du terme fixé par les statuts, la dissolution avant ce terme et tout changement à la dénomination de la société sont soumis aux mêmes formalités que les actes et délibérations relatifs à la formation de la société.

Art. 11. — Toute personne a le droit de prendre communication des pièces déposées au greffe du tribunal et de s'en faire délivrer à ses frais expédition ou extrait par le greffier ou par le notaire détenteur de la minute.

Toute personne peut également exiger qu'il lui soit délivré, au siège de la société, une copie certifiée des statuts, moyennant le payement d'une somme qui ne pourra excéder 1 franc.

Art. 12. — Les sociétés ne peuvent traiter avec une entreprise de gestion que si les statuts l'ont explicitement prévu. Dans ce cas, les statuts doivent stipuler que les traités de gestion seront soumis à l'approbation préalable de l'assemblée générale, et que tous les documents destinés au public devront porter, immédiatement après la dénomination de la société, celle de l'entreprise chargée de sa gestion.

Art. 13. — Les statuts déterminent les pouvoirs du conseil d'administration, qui devra être composé de cinq membres au moins. Le conseil pourra, si les statuts l'y autorisent, déléguer une partie de ses pouvoirs à l'un de ses membres, ou à un directeur pris en dehors de son sein.

Art. 14. — Les membres du conseil d'administration doivent être pris parmi les adhérents remplissant les conditions exigées par les statuts et, notamment, ayant souscrit des contrats pour une valeur déterminée par ces statuts.

Pendant la durée de leurs fonctions, ils ne pourront ni résilier leurs contrats, ni en toucher les capitaux, ni en opérer la cession, à moins de les remplacer immédiatement par des contrats équivalents.

ART. 15. — Le conseil d'administration élit parmi ses membres un président, un vice-président et un secrétaire dont les fonctions durent un an. Ils sont rééligibles.

Le conseil d'administration se réunit au moins une fois par mois. La présence de la moitié plus un des membres est nécessaire pour la validité des délibérations. Celles-ci sont prises à la majorité absolue des voix des membres du conseil. Le vote par procuration est interdit.

ART. 16. — Il est tenu chaque année au moins une assemblée générale, à l'époque fixée par les statuts. Les statuts déterminent le minimum de valeur des contrats qu'il est nécessaire d'avoir souscrit pour être admis à l'assemblée.

Les adhérents peuvent se faire représenter par un mandataire, membre luimême de l'assemblée générale, sans que, toutefois, un même mandataire puisse disposer de plus de cinq voix.

ART. 17. — Les statuts indiquent les conditions dans lesquelles sont faites les convocations à l'assemblée générale; ces convocations doivent être individuelles et précéder de vingt jours au moins la date fixée pour la tenue de l'assemblée.

Dans toutes les assemblées générales, il est tenu une feuille de présence. Elle contient les noms et domiciles des membres présents.

Cette feuille, certifiée par le bureau de l'assemblée et déposée au siège social, doit être communiquée à tout requérant.

ART. 18. — L'assemblée générale ne peut délibérer valablement que si elle réunit le quart au moins des membres ayant le droit d'y assister; si elle ne réunit pas ce nombre, une nouvelle assemblée est convoquée dans les formes et avec les délais prescrits par les statuts, et elle délibère valablement, quel que soit le nombre des membres présents ou représentés.

ART. 19. — L'assemblée générale qui doit délibérer sur la nomination des membres du premier conseil d'administration et sur la sincérité de la déclaration faite, aux termes de l'article 4, par les fondateurs, doit être composée de la moitié au moins des membres ayant le droit d'y assister.

Si l'assemblée générale ne réunit pas le nombre ci-dessus, elle ne peut prendre qu'une délibération provisoire; dans ce cas, une nouvelle assemblée générale est convoquée. Deux avis, publiés à huit jours d'intervalle, au moins un mois à l'avance, dans l'un des journaux mentionnés à l'article 8, font connaître aux adhérents les résolutions provisoires adoptées par la première assemblée, et ces résolutions deviennent définitives si elles sont approuvées par la nouvelle assemblée, composée du cinquième au moins des adhérents ayant le droit d'y assister.

Il sera procédé de même pour les assemblées qui ont à délibérer sur des modifications aux statuts ou sur des propositions de continuation de la société au delà du terme fixé pour sa durée, ou de dissolution avant ce terme.

Toute modification de statuts est portée à la connaissance des adhérents dans le premier récépissé de cotisation qui leur est délivré.

ART. 20. — L'assemblée générale annuelle désigne un ou plusieurs commissaires, adhérents ou non, chargés de faire un rapport à l'assemblée générale de l'année suivante sur la situation de la société, sur le bilan et sur les comptes présentés par l'administration.

La délibération contenant approbation du bilan et des comptes est nulle si elle n'a été précédée du rapport des commissaires.

A défaut de nomination des commissaires par l'assemblée générale, ou en cas d'empêchement ou de refus d'un ou de plusieurs d'entre eux, il est procédé à leur nomination ou à leur remplacement par ordonnance du président du tribunal de première instance du siège de la société, à la requête de tout intéressé, les membres du conseil d'administration dûment appelés.

Art. 21. — Pendant le trimestre qui précède l'époque fixée par les statuts pour la réunion de l'assemblée générale, les commissaires ont droit, toutes les fois qu'ils le jugent convenable dans l'intérêt de la société, de prendre communication des livres et d'examiner les opérations de la société. Ils peuvent toujours, en cas d'urgence, convoquer l'assemblée générale.

Art. 22. — Quinze jours au moins avant la réunion de l'assemblée générale, tout adhérent peut prendre ou faire prendre par un fondé de pouvoirs, au siège social, communication de l'inventaire et de la liste des membres composant l'assemblée générale, et se faire délivrer copie de ces documents.

Art. 23. — Les statuts déterminent le mode et les conditions générales suivant lesquels sont contractés les engagements entre la société et les adhérents.

TITRE II.

DISPOSITIONS SPÉCIALES AUX SOCIÉTÉS À FORME MUTUELLE.

Art. 24. — Pour qu'une société à forme mutuelle puisse être valablement constituée, un nombre minimum de 500 contrats doit être souscrit sur des têtes distinctes pour un minimum de 500,000 francs de capitaux assurés ou de 50,000 francs de rentes viagères assurées.

Art. 25. — Les statuts déterminent le maximum du chargement à ajouter aux primes pures pour faire face : 1° aux frais d'administration de la société; 2° à la constitution de la réserve de garantie; 3° à l'amortissement du fonds de premier établissement et, s'il y a lieu, du fonds temporaire de garantie prévu à l'article suivant.

Art. 26. — Indépendamment du fonds de premier établissement, les statuts peuvent prévoir la constitution d'un fonds temporaire de garantie qui ne peut dépasser 1,500,000 francs et qui doit être intégralement amorti lorsque la réserve de garantie atteint ce chiffre. La portion amortie doit être chaque année au moins égale au chiffre atteint par la réserve de garantie lors de l'inventaire de l'exercice précédent.

Art. 27. — Les excédents réalisés au cours de chaque exercice, après acquittement intégral des charges sociales, appartiennent à l'ensemble des adhérents et leur profitent exclusivement.

Les statuts doivent spécifier le mode et les bases de répartition de ces excédents,

Les statuts doivent également prévoir le cas où l'actif de la société deviendrait insuffisant pour faire face à ses engagements et indiquer comment il serait procédé pour y pourvoir.

TITRE III.

DISPOSITIONS SPÉCIALES AUX SOCIÉTÉS À FORME TONTINIÈRE.

ART. 28. — Les associations en cas de survie ou en cas de décès que forment les sociétés à forme tontinière ne peuvent être valablement constituées que si elles comprennent au moins 100 membres.

ART. 29. — Aucune association en cas de survie ne peut avoir une durée inférieure à dix ans, ni supérieure à vingt cinq ans, comptés à partir du 1er janvier de l'année au cours de laquelle elle a été ouverte.

La durée pendant laquelle une association en cas de survie demeure ouverte doit être inférieure d'au moins cinq ans à sa durée totale.

ART. 30. — Il est interdit aux sociétés à forme tontinière de garantir à leurs adhérents que la liquidation des associations dont ils font partie leur procurera une somme déterminée à l'avance.

ART. 31. — Leurs statuts doivent spécifier :

1° La cessation en cas de décès du sociétaire, du versement des annuités que le souscripteur aurait encore à faire aux associations en cas de survie ;

2° La réduction des droits acquis au bénéficiaire, s'il y a eu cessation des versements du souscripteur aux associations en cas de survie, sous la condition de justifier de l'existence du sociétaire et du payement d'une fraction de la souscription totale, sans que les statuts puissent fixer cette fraction à plus des trois dixièmes ;

3° Les bases de répartition pour les contrats ainsi réduits, avec exclusion ou non du partage des intérêts et bénéfices ;

4° Les délais et les formes dans lesquels la société est tenue d'aviser les intéressés de l'expiration des associations en cas de survie ;

5° Les délais pour la production des pièces et justifications réglementaires à l'appui des liquidations d'associations, ainsi que l'affectation des sommes non retirées par les ayants droit, dans un délai déterminé, à partir du 31 décembre de l'année pendant laquelle a eu lieu la répartition ;

6° L'affectation des fonds des associations en cas de survie, qui ne pourraient être liquidées par suite du décès ou de la forclusion de tous leurs membres, ainsi que des associations en cas de décès qui ne pourraient être liquidées par suite de l'absence de décès ;

7° Le mode de payement des cotisations aux associations en cas de décès, qui devront être exigibles d'avance au début de chaque année, sauf la première, qui pourra être payée à l'échéance choisie par le souscripteur et qui devra alors être réduite d'un quart, de la moitié ou des trois quarts, selon que le versement de la cotisation aura lieu dans le deuxième, le troisième ou le quatrième trimestre de l'année ;

8° La quotité des prélèvements qui pourraient être affectés à la constitution d'une réserve en faveur des survivants des associations en cas de décès ;

9° Les conditions dans lesquelles le fonds du premier établissement sera versé, rémunéré et amorti, sans, d'autre part, pouvoir être augmenté ;

10° Les conditions dans lesquelles la société, en cas de dissolution ou de retrait d'enregistrement, pourra procéder à la liquidation par anticipation des associations en cours, en vertu d'une délibération spéciale de l'assemblée générale des souscripteurs et sous réserve du visa du Ministre du Commerce.

Art. 32. — Le Ministre du Commerce, de l'Industrie et du Travail est chargé de l'exécution du présent décret, qui sera publié au *Journal officiel* de la République française et inséré au *Bulletin des lois.*

A. FALLIÈRES.

Par le Président de la République française :

*Le Ministre du Commerce, de l'Industrie
et du Travail,*

Gaston Doumergue.

DÉCRET DU 9 JUIN 1906

portant règlement d'administration publique pour l'exécution de l'article 8 de la loi du 17 mars 1905, relativement au placement de l'actif des entreprises d'assurances sur la vie.

(*Journal officiel* du 14 juin 1906.)

Le Président de la République française,

Sur le rapport du Ministre du Commerce, de l'Industrie et du Travail, et du Ministre des Finances,

Vu la loi du 17 mars 1905 relative à la surveillance et au contrôle des sociétés d'assurances sur la vie et de toutes les entreprises dans les opérations desquelles intervient la durée de la vie humaine;

Vu spécialement l'article 8 de ladite loi, ainsi conçu :

«Un règlement d'administration publique, rendu sur la proposition des Ministres du Commerce et des Finances, détermine les biens mobiliers et immobiliers en lesquels devra être effectué le placement de l'actif des entreprises françaises, et, pour les entreprises étrangères, de la portion d'actif afférente aux contrats souscrits ou exécutés en France et en Algérie, ainsi que le mode d'évaluation annuelle des différentes catégories de placements et les garanties à présenter pour les valeurs qui ne pourraient avoir la forme nominative.»

«Les entreprises sont tenues de produire au Ministre, dans les formes et délais qu'il prescrit, après avis du Comité consultatif, des états périodiques des modifications survenues dans la compositiou de leur actif.»

Le Conseil d'État entendu,

Décrète :

Art. 1ᵉʳ. — L'actif des entreprises françaises, sous déduction des portions visées à l'article 2 ci-après, et la portion d'actif des entreprises étrangères visée à l'article 7, 3ᵉ alinéa, de la loi du 17 mars 1905 doivent être employés ainsi qu'il suit :

1° Sans limitation :
En valeurs émises par l'État français, ou pourvues par lui d'une garantie portant sur le capital ou sur le revenu; en obligations libérées et négociables des départements, des communes et des chambres de commerce de France et d'Algérie; en obligations foncières et communales du Crédit foncier de France; en prêts sur toutes les susdites valeurs, jusqu'à concurrence de 75 p. o/o de leur cours; en avances sur les polices émises par l'entreprise; en prêts hypothécaires sur la propriété urbaine bâtie, en France, sans que ces prêts, y compris les prêts antérieurement inscrits, puissent dépasser 50 p. o/o de la valeur de l'immeuble;

2° Dans la proportion de deux cinquièmes au plus :
En prêts aux départements, aux communes et aux chambres de commerce de France et d'Algérie, ainsi qu'aux colonies françaises ou aux pays de protectorat; en immeubles situés en France et en Algérie; en prêts hypothécaires sur ces immeubles, jusqu'à concurrence de 50 p. o/o de leur valeur dans les conditions indiquées au paragraphe précédent;

3° Dans la proportion d'un quart au plus :
En valeurs de toute nature, françaises ou étrangères, figurant à la cote officielle de la Bourse de Paris et inscrites sur une liste préalablement approuvée par l'assemblée générale des actionnaires; en prêts sur ces valeurs, jusqu'à concurrence de 75 p. o/o de leur cours; en immeubles situés dans les colonies françaises ou dans les pays de protectorat; en prêts hypothécaires sur ces immeubles jusqu'à concurrence de 50 p. o/o de leur valeur comme il est dit ci-dessus.
Dans chacune des catégories énumérées ci-dessus sont respectivement comptés, avec les placements en toute propriété, les nues propriétés et les usufruits des valeurs correspondantes.

Art. 2. — En dehors des limitations fixées à l'article précédent, les entreprises françaises peuvent employer les portions de leur actif correspondant aux réserves mathématiques respectivement afférentes aux opérations réalisées dans chacun des pays étrangers où elles opèrent, ainsi qu'aux cautionnements qui pourraient être exigés par lesdits pays, en valeurs admises par les législations étrangères sur la matière.
Elles peuvent également, en représentation desdites portions d'actif, acquérir, dans chacun des pays étrangers où elles opèrent, des immeubles pour l'installation de leurs services.

Art. 3. — Dans les inventaires, les valeurs figurant à l'actif sont estimées de la manière suivante :
1° Les valeurs mobilières, au prix d'achat, sauf lorsque, pour l'ensemble desdites valeurs, ce prix est supérieur de plus de 5 p. o/o à celui qui résulterait du cours de la Bourse de Paris ou, à défaut, des cours d'une des principales places du pays d'émission, à la date de la clôture de l'inventaire.

Dans ce dernier cas, un arrêté ministériel, pris après avis du Comité consultatif des assurances sur la vie, fixera les conditions et délai dans lesquels la valeur estimative devra être réduite de la différence entre le prix d'achat et le prix résultant de l'évaluation aux cours susvisés;

2° Les prêts hypothécaires, les prêts sur titres, les prêts aux départements, aux communes, aux chambres de commerce, aux colonies et aux pays de protectorat, ainsi que les avances sur polices, d'après les actes qui en font foi, et en tenant compte, à chaque inventaire, des amortissements effectués;

3° Les immeubles, soit au prix d'achat, soit au prix de revient, tel qu'il ressort des travaux de construction et d'amélioration, à l'exclusion des travaux d'entretien proprement dits.

La vérification de la valeur des immeubles peut être effectuée, à une époque quelconque, par les soins du Ministre du Commerce, après avis du comité consultatif des assurances sur la vie ;

4° Les nues propriétés et les usufruits, suivant les règles générales fixées par un arrêté ministériel, après avis du Comité consultatif des assurances sur la vie.

ART. 4. — L'actif des entreprises à forme tontinière doit, sous réserve des dispositions qui pourraient être prescrites par les législations étrangères pour les souscriptions reçues à l'étranger, être employé en valeurs émises par l'État français ou pourvues par lui d'une garantie portant sur le capital ou sur le revenu, en obligations libérées et négociables des départements, des communes et des chambres de commerce de France et d'Algérie, en obligations foncières et communales du Crédit foncier de France.

ART. 5. — Pour les entreprises françaises, les valeurs mobilières doivent être représentées par des titres nominatifs.

Les valeurs qui ne comporteraient pas de certificats ou titres nominatifs doivent être représentées par des récépissés de la Banque de France.

ART. 6. — Les entreprises étrangères auront un délai de cinq ans pour remplacer, par fractions annuelles d'au moins un cinquième, les valeurs qu'elles doivent déposer à la caisse des dépôts et consignations, en garantie des opérations réalisées en France ou en Algérie antérieurement à leur enregistrement, par un portefeuille constitué conformément aux dispositions de l'article 1ᵉʳ du présent décret; les mouvements de titres effectués ne pourront comporter que le remplacement des valeurs transitoirement admises par des valeurs spécifiées à l'article 1ᵉʳ.

Toutefois, dans la proportion du quart, indiquée au troisième paragraphe dudit article, pourront être conservées, jusqu'à l'expiration des contrats en cours, des valeurs étrangères non cotées à la Bourse de Paris, pourvu qu'elles figurent parmi les valeurs admises, en matière d'assurances sur la vie, par la législation du pays d'origine de chaque entreprise.

ART. 7. — Les entreprises françaises qui n'étaient pas soumises à l'autorisation et qui, réalisant des opérations définies à l'article 1ᵉʳ de la loi, devront se faire enregistrer, bénéficieront également d'un délai de cinq ans pour faire rentrer leurs placements dans le cadre de l'article 1ᵉʳ ci-dessus. La transformation de leur portefeuille devra s'opérer aussi par fractions annuelles d'au moins un cinquième.

ART. 8. — Le Ministre du Commerce, de l'Industrie et du Travail et le Ministre des Finances, sont chargés, chacun en ce qui le concerne, de l'exécution du présent décret qui sera publié au *Journal officiel* de la République française et inséré au *Bulletin des lois.*

A. FALLIÈRES.

Par le Président de la République :

Le Ministre du Commerce, de l'Industrie.
et du Travail,

GASTON DOUMERGUE.

Le Ministre des Finances,

R. POINCARÉ.

DÉCRET DU 22 JUIN 1906

relatif à l'enregistrement des entreprises d'assurances sur la vie.

(*Journal officiel* du 28 juin 1906.)

LE PRÉSIDENT DE LA RÉPUBLIQUE FRANÇAISE,

Sur le rapport du Ministre du Commerce, de l'Industrie et du Travail,
Vu la loi du 17 mars 1905, relative à la surveillance et au contrôle des sociétés d'assurances sur la vie et de toutes les entreprises dans les opérations desquelles intervient la durée de la vie humaine;
Vu spécialement l'article 9 de ladite loi, ainsi conçu :
«Des décrets rendus après avis du comité consultatif des assurances sur la vie prévu à l'article ci-après déterminent :
«1° Les pièces et justifications à produire à l'appui des demandes d'enregistrement, ainsi que le montant du dépôt préalable à effectuer à la Caisse des dépôts et consignations par les différentes catégories d'entreprises et les conditions de réalisation et de restitution dudit dépôt;
«2° Le délai passé lequel cessera d'être valable l'enregistrement d'une entreprise qui n'aurait pas commencé à fonctionner;
«3° Le maximum des dépenses de premier établissement pour les différentes espèces d'entreprises françaises et le délai d'amortissement desdites dépenses;
«4° La fixation, pour chaque catégorie d'entreprise, de la réserve de garantie:
«5° Les différentes tables de mortalité, le taux d'intérêt et les chargements d'après lesquels doivent être calculées au minimum les primes ou cotisations des opérations à réaliser, ainsi que les réserves mathématiques. Publication de ces fixations est effectuée au *Journal officiel* au moins six mois avant le début du premier exercice auquel elles doivent s'appliquer;
«6° Les conditions de dépôt et de retrait des valeurs représentant, pour les entreprises étrangères, la portion d'actif visée à l'article 7;

« 7° Les conditions dans lesquelles doivent être gérées les entreprises à forme tontinière;

« 8° Les conditions dans lesquelles les entreprises sont tenues d'inscrire sur des registres spéciaux les contrats souscrits ou exécutés en France et en Algérie;

« 9° Les conditions dans lesquelles doivent fonctionner les entreprises de gestion d'assurances sur la vie, et suivant lesquelles peuvent être perçus les frais de gestion dans les limites d'un maximum fixé. Ces entreprises doivent déposer à la Caisse des dépôts et consignations un capital de garantie de 100,000 francs. Elles ne peuvent valablement se faire attribuer la gestion pour une période initiale de plus de vingt ans, à l'expiration de laquelle leur mandat ne pourra être renouvelé pour des périodes de plus de dix ans. Chaque renouvellement ne pourra être effectué qu'un an avant l'expiration de la période en cours. »

Vu l'avis du Comité consultatif des assurances sur la vie;

DÉCRÈTE :

ART. 1ᵉʳ. — Les demandes d'enregistrement visées aux articles 2 et 19 de la loi du 17 mars 1905 ne sont recevables que si elles sont dûment appuyées des pièces et justifications ci-après :

1° Le récépissé du dépôt préalable à la Caisse des dépôts et consignations de la somme fixée ci-après;

2° Un original ou une expédition de l'acte constitutif de l'entreprise;

3° Le texte intégral des statuts;

4° Le tarif complet des primes brutes ou cotisations, des primes pures, et, s'il y a lieu, des primes d'inventaire, afférentes à toutes les opérations de l'entreprise;

5° S'il s'agit d'opérations tontinières, les tarifs et barêmes y afférents;

6° Une note technique exposant le mode d'établissement des tarifs et barêmes et les bases du calcul des diverses catégories de primes ou cotisations.

ART. 2. — Les entreprises visées à l'article 19 de la loi du 17 mars 1905 doivent produire en outre :

1° L'indication du régime légal sous lequel fonctionne l'entreprise;

2° Les tarifs et barêmes se rapportant aux opérations réalisées antérieurement à l'enregistrement, accompagnés d'une note technique explicative, comme il est spécifié aux numéros 4°, 5° et 6° du précédent article;

3° La justification sommaire que l'entreprise possède, à raison de ses contrats et des tarifs en vigueur avant l'enregistrement, des réserves mathématiques égales à la différence entre les valeurs des engagements respectivement pris par elle et par les assurés.

ART. 3. — Les entreprises étrangères doivent produire, indépendamment des pièces et justifications respectivement prévues ci-dessus :

1° Les certificats de coutume, attestations et documents nécessaires pour établir la régularité juridique de la société dans son pays d'origine;

2° L'indication du siège de l'entreprise pour les opérations visées aux articles 12 et 23 de la loi du 17 mars 1905;

3° L'acte d'accréditation auprès du Ministre du Commerce d'un agent spécialement préposé à la direction desdites opérations.

ART. 4. — Le dépôt que les entreprises doivent préalablement effectuer à la Caisse des dépôts et consignations est égal :

1° Pour les sociétés françaises à forme mutuelle ou tontinière, au quart du fonds de premier établissement, sans toutefois pouvoir être inférieur à 5o,ooo francs, ni supérieur à 5oo,ooo francs;

2° Pour toutes les autres entreprises, françaises ou étrangères, à 5oo,ooo francs.

Art. 5. — Le dépôt est constitué soit en espèces, soit en valeurs de l'État ou jouissant d'une garantie de l'État, en obligations négociables et entièrement libérées des départements, des communes et des chambres de commerce, ou en obligations foncières et communales du Crédit foncier.

Les valeurs sont estimées au cours moyen de la Bourse de Paris de la veille du jour du dépôt, et, à défaut de cours à cette date, à celui de la précédente cote.

Art. 6. — Le dépôt est restitué aux entreprises sur décision du Ministre du Commerce et dans les dix jours de la notification de cette décision.

Cette notification doit être adressée à l'entreprise et à la Caisse des dépôts et consignations :

1° Au cas d'enregistrement, dans le mois qui suit la mention de l'enregistrement au *Journal officiel;*

2° Au cas de refus d'enregistrement, dans le mois qui suit, soit l'acquiescement de l'entreprise au refus, soit le rejet de son recours pour excès de pouvoir devant le Conseil d'État.

Art. 7. — Le Ministre du Commerce, de l'Industrie et du Travail est chargé de l'exécution du présent décret, qui sera publié au *Journal officiel* de la République française et inséré au *Bulletin des lois*

A. FALLIÈRES.

Par le Président de la République :

Le Ministre du Commerce, de l'Industrie
et du Travail,

Gaston Doumergue.

DÉCRET DU 22 JUIN 1906

relatif à la Réserve de garantie des entreprises d'assurances sur la vie.

(*Journal officiel* du 28 juin 19o6.)

Le Président de la République française,

Sur le rapport du Ministre du Commerce, de l'Industrie et du Travail,
Vu la loi du 17 mars 19o5 relative à la surveillance et au contrôle des

sociétés d'assurances sur la vie et de toutes les entreprises dans les opérations desquelles intervient la durée de la vie humaine;

Vu spécialement l'article 9 de ladite loi, ainsi conçu :

«Des décrets rendus après avis du Comité consultatif des assurances sur la vie prévu à l'article ci-après déterminent :

« 1° Les pièces et justifications à produire à l'appui des demandes d'enregistrement, ainsi que le montant du dépôt préalable à effectuer à la Caisse des dépôts et consignations par les différentes catégories d'entreprises et les conditions de réalisation et de restitution dudit dépôt;

« 2° Le délai passé lequel cessera d'être valable l'enregistrement d'une entreprise qui n'aurait pas commencé à fonctionner;

« 3° Le maximum des dépenses de premier établissement pour les différentes espèces d'entreprises françaises et le délai d'amortissement desdites dépenses;

« 4° La fixation, pour chaque catégorie d'entreprise, de la réserve de garantie;

« 5° Les différentes tables de mortalité, le taux d'intérêt et les chargements d'après lesquels doivent être calculées au minimum les primes ou cotisations des opérations à réaliser, ainsi que les réserves mathématiques. Publication de ces fixations est effectuée au *Journal officiel* au moins six mois avant le début du premier exercice auquel elles doivent s'appliquer;

« 6° Les conditions de dépôt et de retrait des valeurs représentant, pour les entreprises étrangères, la portion d'actif visée à l'article 7;

« 7° Les conditions dans lesquelles doivent être gérées les entreprises à forme tontinière;

« 8° Les conditions dans lesquelles les entreprises sont tenues d'inscrire sur des registres spéciaux les contrats souscrits ou exécutés en France et en Algérie;

« 9° Les conditions dans lesquelles doivent fonctionner les entreprises de gestion d'assurances sur la vie, et suivant lesquelles peuvent être perçus les frais de gestion dans les limites d'un maximum fixé. Ces entreprises doivent déposer à la Caisse des dépôts et consignations un capital de garantie de 100,000 francs. Elles ne peuvent valablement se faire attribuer la gestion pour une période initiale de plus de vingt ans, à l'expiration de laquelle leur mandat ne pourra être renouvelé pour des périodes de plus de dix ans. Chaque renouvellement ne pourra être effectué qu'un an avant l'expiration de la période en cours. »

Vu l'avis du Comité consultatif des assurances sur la vie,

DÉCRÈTE :

ART. 1er. — La Réserve de garantie que les entreprises sont tenues de constituer, en exécution du 3° alinéa de l'article 5 de la loi du 17 mars 1905, est alimentée :

1° Pour les sociétés françaises, anonymes ou en commandite, par le prélèvement annuel sur leurs encaissements d'une somme au moins égale à 3 p. 1,000 du montant global des primes uniques et périodiques encaissées au cours de l'exercice. Ce prélèvement est réduit de moitié lorsque la Réserve de garantie atteint un chiffre égal à 5 p. o/o des Réserves mathématiques; il cesse d'être obligatoire lorsque cette Réserve atteint un chiffre égal à 10 p. o/o des Réserves mathématiques;

2° Pour les entreprises françaises autres que celles visées au paragraphe précédent, à l'exception des entreprises à forme tontinière, ainsi que pour les entreprises étrangères, en ce qui concerne les contrats souscrits ou exécutés en

France, en Algérie ou dans les colonies visées par l'article 23 de la loi du 17 mars 1905, par le prélèvement annuel sur leurs encaissements d'une somme au moins égale à 3 p. 1,000 du montant des primes ou cotisations encaissées au cours de l'exercice. Ce prélèvement est réduit de moitié lorsque la Réserve de garantie atteint un chiffre égal à 6 p. o/o des Réserves mathématiques; il cesse d'être obligatoire lorsque cette Réserve atteint un chiffre égal à 10 p. o/o des Réserves mathématiques.

ART. 2. — Le Ministre du Commerce, de l'Industrie et du Travail est chargé de l'exécution du présent décret, qui sera publié au *Journal officiel* de la République française et inséré au *Bulletin des lois*.

A. FALLIÈRES.

Par le Président de la République :

*Le Ministre du Commerce, de l'Industrie
et du Travail,*

GASTON DOUMERGUE.

DÉCRET DU 22 JUIN 1906

Relatif aux conditions dans lesquelles doivent êtres gérées les entreprises à forme tontinière.

(*Journal officiel* du 28 juin 1906.)

LE PRÉSIDENT DE LA RÉPUBLIQUE FRANÇAISE,

Sur le rapport du Ministre du Commerce, de l'Industrie et du Travail,

Vu la loi du 17 mars 1905 relative à la surveillance et au contrôle des sociétés d'assurances sur la vie et de toutes les entreprises dans les opérations desquelles intervient la durée de la vie humaine;

Vu spécialement l'article 9 de ladite loi, ainsi conçu :

« Des décrets rendus après avis du comité consultatif des assurances sur la vie prévu à l'article ci-après déterminent :

« 1° Les pièces et justifications à produire à l'appui des demandes d'enregistrement, ainsi que le montant du dépôt préalable à effectuer à la Caisse des dépôts et consignations par les différentes catégories d'entreprises et les conditions de réalisation et de restitution dudit dépôt;

« 2° Le délai passé lequel cessera d'être valable l'enregistrement d'une entreprise qui n'aurait pas commencé à fonctionner;

« 3° Le maximum des dépenses de premier établissement pour les différentes espèces d'entreprises françaises et le délai d'amortissement desdites dépenses;

«4° La fixation, pour chaque catégorie d'entreprise, de la réserve de garantie;

«5° Les différentes tables de mortalité, le taux d'intérêt et les chargements d'après lesquels doivent être calculées au minimum les primes ou cotisations des opérations à réaliser, ainsi que les réserves mathématiques. Publication de ces fixations est effectuée au *Journal officiel* au moins six mois avant le début du premier exercice auquel elles doivent s'appliquer;

«6° Les conditions de dépôt et de retrait des valeurs représentant, pour les entreprises étrangères, la portion d'actif visée à l'article 7;

«7° Les conditions dans lesquelles doivent être gérées les entreprises à forme tontinière.

«8° Les conditions dans lesquelles les entreprises sont tenues d'inscrire sur des registres spéciaux les contrats souscrits ou exécutés en France et en Algérie;

«9° Les conditions dans lesquelles doivent fonctionner les entreprises de gestion d'assurances sur la vie, et suivant lesquelles peuvent être perçus les frais de gestion dans les limites d'un maximum fixé. Ces entreprises doivent déposer à la Caisse des dépôts et consignations un capital de garantie de 100,000 francs. Elles ne peuvent valablement se faire attribuer la gestion pour une période initiale de plus de vingt ans, à l'expiration de laquelle leur mandat ne pourra être renouvelé pour des périodes de plus de dix ans. Chaque renouvellement ne pourra être effectué qu'un an avant l'expiration de la période en cours. »

Vu l'avis du Comité consultatif des assurances sur la vie.

Décrète :

Art. 1er. — Les entreprises à forme tontinière doivent déterminer dans leurs statuts, sous réserve des prescriptions contenues dans le règlement d'administration publique prévu par l'article 22 de la loi du 17 mars 1905 et dans le présent décret, les conditions de formation et de durée des associations en cas de survie et des associations en cas de décès.

TITRE Ier.

DES ASSOCIATIONS EN CAS DE SURVIE.

Art. 2. — L'ouverture et la constitution de chaque association en cas de survie, ainsi que la clôture des listes d'inscription à ladite association, doivent être constatées par délibérations du conseil d'administration de l'entreprise.

Art. 3. — Chaque association doit être liquidée immédiatement après son expiration.

Art. 4. — Les fonds provenant des souscriptions doivent être intégralement versés aux associations, sous la seule déduction des frais de gestion statutaires.

Les fonds de chaque association doivent être gérés séparément et ne peuvent se confondre à aucun égard avec ceux des autres associations.

Art. 5. — Les fonds des associations doivent être placés, au plus tard, dans le délai d'un mois à dater du recouvrement.

La date de l'achat et le prix des valeurs seront justifiés au moyen du bordereau de l'agent de change, qui devra mentionner, d'autre part, les associations au profit desquelles les valeurs auront été acquises.

Les intérêts et arrérages, ainsi que les remboursements, primes et lots, doivent être placés dans les mêmes conditions.

ART. 6. — Les valeurs appartenant aux associations formées par les entreprises françaises doivent être déposées, aussitôt après leur acquisition, soit à la Caisse des dépôts et consignations, soit à la Banque de France, au nom de l'entreprise, avec désignation des associations auxquelles elles appartiennent, reproduite sur les récépissés de dépôt.

Ces valeurs ne peuvent être réalisées qu'à l'époque de la liquidation des associations, pour le produit en être réparti aux bénéficiaires, sous réserve de remplois qui ne pourront être effectués que sur visa préalable du Ministre du commerce ou de son délégué.

Ce visa ne peut être délivré qu'au vu d'une décision du conseil d'administration de l'entreprise indiquant le nombre et la nature des titres à aliéner, ainsi que la nature des titres de remploi. La valeur des titres de remploi doit être au moins égale à la valeur des titres aliénés.

Les titres de remploi doivent être déposés, aussitôt après leur acquisition, dans les conditions prévues ci-dessus.

ART. 7. — A l'expiration de chaque association, une délibération du conseil d'administration de l'entreprise arrête la répartition entre les ayants droit. Une copie de cette délibération, certifiée par le directeur de l'entreprise et par deux membres du conseil d'administration, spécialement désignés à cet effet par ce conseil, est adressée au Ministre du commerce, avec un état nominatif de la répartition, en double exemplaire.

ART. 8. — La répartition porte sur l'intégralité de l'avoir de l'association. Elle est effectuée entre les ayants droit au prorata du montant de leur souscription. Toutefois, les bénéficiaires dont les droits auraient été réduits par suite de la cessation de payement des annuités dues par les souscripteurs ne participent à la répartition que sur les bases spécifiées par les statuts de l'entreprise.

Les droits des bénéficiaires sont ramenés à l'égalité proportionnelle au moyen de barèmes de répartition établis d'après une table de mortalité et, s'il y a lieu, un taux d'intérêt spécifiés par les statuts et tenant compte de l'âge des sociétaires, ainsi que du mode et de l'époque des versements.

ART. 9. — La répartition prévue à l'article 7 ne peut être arrêtée qu'au vu des certificats de vie des sociétaires survivants, ou des actes de décès desdits sociétaires, s'ils sont décédés après la date fixée aux contrats pour l'expiration de l'association, sous réserve des délais fixés par les statuts pour la production desdites pièces.

TITRE II.

ART. 10. — Les associations en cas de décès doivent être liquidées à la fin de chaque année.

ART. 11. — Pour une même entreprise, l'association en cas de décès doit être unique. Toutefois, une seconde association, dite de contre-assurance, peut être constituée dans le but exclusif de compenser la perte pouvant résulter du décès des sociétaires pour les souscripteurs aux associations en cas de survie formées par l'entreprise.

ART. 12. — Les cotisations sont calculées en tenant compte de l'âge des sociétaires à l'époque de leur échéance, et suivant un tarif établi sur une table de mortalité spécifiée par les statuts. Elles sont proportionnelles au montant, déterminé au moyen dudit tarif, de la somme probable à obtenir lors de la répartition.

ART. 13. — Les dispositions des articles 4, 5 et 6 s'appliquent aux associations en cas de décès.

ART. 14. — A la fin de chaque année, l'intégralité de l'avoir de chaque association est répartie entre les ayants droit des sociétaires décédés au cours de l'année, sous la seule déduction des prélèvements qui pourraient être spécifiés par les statuts en conformité du règlement d'administration publique prévu à l'article 22 de la loi du 17 mars 1905.

Les dispositions de l'article 7 s'appliquent à la répartition de l'avoir des associations en cas de décès.

ART. 15. — La répartition est effectuée au prorata des sommes correspondant à chaque cotisation, conformément à l'article 12 ci-dessus.

Pour l'association dite de contre-assurance, la répartition est effectuée au prorata des sommes versées sur les souscriptions aux associations en cas de survie.

ART. 16. — La répartition ne peut être arrêtée qu'au vu des pièces justifiant du décès des sociétaires, sous réserve des délais fixés par les statuts pour la production desdites pièces.

ART. 17. — Le Ministre du Commerce, de l'Industrie et du Travail est chargé de l'exécution du présent décret, qui sera publié au *Journal officiel* de la République française et inséré au *Bulletin des lois*.

A. FALLIÈRES.

Par le Président de la République :

Le Ministre du Commerce, de l'Industrie et du Travail,

GASTON DOUMERGUE.

DÉCRET DU 22 JUIN 1906

relatif aux conditions de fonctionnement des entreprises de gestion d'assurance sur la vie.

(*Journal officiel* du 28 juin 1906.)

Le Président de la République française,

Sur le rapport du Ministre du Commerce, de l'Industrie et du Travail,

Vu la loi du 17 mars 1905 relative à la surveillance et au contrôle des sociétés d'assurances sur la vie et de toutes les entreprises dans les opérations desquelles intervient la durée de la vie humaine;

Vu spécialement l'article 9 de ladite loi, ainsi conçu :

« Des décrets rendus, après avis du comité consultatif des assurances sur la vie prévu à l'article ci-après, déterminent :

« 1° Les pièces et justifications à produire à l'appui des demandes d'enregistrement, ainsi que le montant du dépôt préalable à effectuer à la Caisse des dépôts et consignations par les différentes catégories d'entreprises et les conditions de réalisation et de restitution dudit dépôt;

« 2° Le délai passé lequel cessera d'être valable l'enregistrement d'une entreprise qui n'aurait pas commencé à fonctionner;

« 3° Le maximum de dépenses de premier établissement pour les différentes espèces d'entreprises françaises et le délai d'amortissement desdites dépenses;

« 4° La fixation, pour chaque catégorie d'entreprise, de la réserve de garantie;

« 5° Les différentes tables de mortalité, le taux d'intérêt et les chargements d'après lesquels doivent être calculées au minimum les primes ou cotisations des opérations à réaliser, ainsi que les réserves mathématiques. Publication de ces fixations est effectuée au *Journal officiel* au moins six mois avant le début du premier exercice auquel elles doivent s'appliquer;

« 6° Les conditions de dépôt et de retrait des valeurs représentant, pour les entreprises étrangères, la portion d'actif visée à l'article 7;

« 7° Les conditions dans lesquelles doivent être gérées les entreprises à forme tontinière;

« 8° Les conditions dans lesquelles les entreprises sont tenues d'inscrire, sur des registres spéciaux, les contrats souscrits ou exécutés en France et en Algérie;

« 9° Les conditions dans lesquelles doivent fonctionner les entreprises de gestion d'assurances sur la vie, et suivant lesquelles peuvent être perçus les frais de gestion dans les limites d'un maximum fixé. Ces entreprises doivent déposer à la Caisse des dépôts et consignations un capital de garantie de 100,000 francs. Elles ne peuvent valablement se faire attribuer la gestion pour une période initiale de plus de vingt ans, à l'expiration de laquelle leur mandat ne pourra

être renouvelé pour des périodes de plus de dix ans. Chaque renouvellement ne pourra être effectué qu'un an avant l'expiration de la période en cours.»
Vu l'avis du Comité consultatif des assurances sur la vie,

DÉCRÈTE :

ART. 1er. — Toute entreprise qui se fait attribuer la gestion d'assurances sur la vie ne peut fonctionner à ce titre que sous la responsabilité de l'entreprise qu'elle gère et après avoir produit au Ministre du Commerce :
1° Le récépissé du dépôt à la Caisse des dépôts et consignations du capital de garantie prévu à l'article 9, § 9°, de la loi du 17 mars 1905 ;
2° L'acte constitutif de l'entreprise gérante ;
3° Le texte intégral de ses statuts ;
4° Le texte intégral du traité de gestion intervenu entre elle et l'entreprise dont elle se fait attribuer la gestion.

ART. 2. — Le traité de gestion visé au paragraphe 4° de l'article précédent doit spécifier :
1° L'objet, le titre et le siège social de l'entreprise gérante ;
2° L'objet, le titre et le siège social de l'entreprise gérée ;
3° La date d'origine de la gestion et la durée de sa période initiale ;
4° Les pouvoirs de l'entreprise gérante ;
5° Les conditions dans lesquelles l'entreprise gérée exercera son contrôle sur la gestion dont elle est l'objet ;
6° Les conditions de remise de la gestion à l'entreprise gérée par l'entreprise gérante, à l'expiration du traité de gestion, ou, au cas de cessation anticipée de la gestion, pour quelque cause que ce soit ;
7° Les mesures applicables en cas de retrait de l'enregistrement de l'entreprise gérée.

ART. 3. — Tout renouvellement du traité de gestion doit faire l'objet d'une production au Ministre du Commerce du traité renouvelé, dans la forme prévue à l'article 2, au moins trois mois avant l'expiration de la gestion en cours.

ART. 4. — Les entreprises de gestion ne peuvent prélever la rémunération de leur gestion que dans les conditions stipulées au traité de gestion, et sans pouvoir excéder :
1° En ce qui concerne les opérations d'assurances à primes, le montant des chargements résultant des statuts et des tarifs de l'entreprise gérée, sous déduction toutefois de la portion desdits changements qui pourrait être nécessaire à la constitution de la réserve de garantie ;
2° En ce qui concerne les opérations tontinières, le montant des droits et des prélèvements pour frais de gestion fixés par les statuts de l'entreprise gérée.

ART. 5. — Les entreprises de gestion ne peuvent en aucun cas se faire déléguer, par l'entreprise gérée, les pouvoirs qui ont trait aux opérations d'assurances et notamment à l'établissement des contrats, à la détermination et à l'exécution des engagements en résultant, au placement des fonds destinés à assurer la garantie de ces engagements, à l'ouverture, à la constitution, à la clôture et à la liquidation des associations tontinières.

ART. 6. — Le dépôt prescrit à l'article 9, § 9°, de la loi du 17 mars 1905 est restitué aux entreprises en fin de gestion, sur le visa du Ministre du Commerce ou de son délégué, après justification de la complète exécution de tous les engagements résultant du traité de gestion et au vu d'une attestation des représentants de l'entreprise gérée constatant cette exécution.

Art. 7. — Le Ministre du Commerce, de l'Industrie et du Travail est chargé de l'exécution du présent décret, qui sera publié au *Journal officiel* de la République française et inséré au *Bulletin des lois.*

A. FALLIÈRES.

Par le Président de la République :

Le Ministre du Commerce, de l'Industrie et du Travail,

Gaston Doumergue.

DÉCRET DU 25 JUIN 1906

relatif aux dépôts de valeurs à la Caisse des dépôts et consignations par les entreprises étrangères d'assurances sur la vie.

(*Journal officiel* du 28 juin 1906.)

Le Président de la République française,

Sur le rapport du Ministre du Commerce, de l'Industrie et du Travail,
Vu l'avis du Ministre des Finances ;
Vu la loi du 17 mars 1905, relative à la surveillance et au contrôle des sociétés d'assurances sur la vie et de toutes les entreprises dans les opérations desquelles intervient la durée de la vie humaine ;
Vu spécialement l'article 9 de ladite loi ainsi conçu :
« Des décrets rendus après avis du Comité consultatif des assurances sur la vie prévu à l'article ci-après déterminent :
« 1° Les pièces et justifications à produire à l'appui des demandes d'enregistrement, ainsi que le montant du dépôt préalable à effectuer à la Caisse des dépôts et consignations par les différentes catégories d'entreprises et les conditions de réalisation et de restitution dudit dépôt ;
« 2° Le délai passé lequel cessera d'être valable l'enregistrement d'une entreprise qui n'aurait pas commencé à fonctionner ;
« 3° Le maximum des dépenses de premier établissement pour les différentes espèces d'entreprises françaises et le délai d'amortissement desdites dépenses ;
« 4° La fixation, pour chaque catégorie d'entreprise, de la réserve de garantie ;
« 5° Les différentes tables de mortalité, le taux d'intérêt et les chargements

d'après lesquels doivent être calculées au minimum les primes ou cotisations des opérations à réaliser, ainsi que les Réserves mathématiques. Publication de ces fixations est effectuée au *Journal officiel* au moins six mois avant le début du premier exercice auquel elles doivent s'appliquer;

« 6° Les conditions de dépôt et de retrait des valeurs représentant, pour les entreprises étrangères, la portion d'actif visée à l'article 7;

« 7° Les conditions dans lesquelles doivent être gérées les entreprises à forme tontinière;

« 8° Les conditions dans lesquelles les entreprises sont tenues d'inscrire sur des registres spéciaux les contrats souscrits ou exécutés en France et en Algérie;

« 9° Les conditions dans lesquelles doivent fonctionner les entreprises de gestion d'assurances sur la vie, et suivant lesquelles peuvent être perçus les frais de gestion dans les limites d'un maximum fixé. Ces entreprises doivent déposer à la Caisse des dépôts et consignations un capital de garantie de 100,000 francs. Elles ne peuvent valablement se faire attribuer la gestion pour une période initiale de plus de vingt ans, à l'expiration de laquelle leur mandat ne pourra être renouvelé pour des périodes de plus de dix ans. Chaque renouvellement ne pourra être effectué qu'un an avant l'expiration de la période en cours. »

Vu l'avis du Comité consultatif des assurances sur la vie,

DÉCRÈTE :

ART. 1er. — Tous les ans avant le 31 mai, les entreprises étrangères sont tenues de justifier du dépôt à la Caisse des dépôts et consignations, conformément aux dispositions de la loi du 28 juillet 1875, des valeurs mobilières représentant la portion de leur actif visée à l'article 7, 3e alinéa, de la loi du 17 mars 1905 et établie d'après les comptes arrêtés au 31 décembre précédent.

ART. 2. — Cette justification consiste dans la production au Ministère du Commerce d'un certificat de dépôt délivré par la Caisse des dépôts et consignations et énumérant, d'après les déclarations de l'entreprise, visées par le Ministre du Commerce ou son délégué :

1° Les valeurs mobilières comprises dans la portion d'actif correspondant:

a) Aux réserves mathématiques des contrats antérieurs à l'enregistrement,

b) Aux bénéfices attribuables pour les mêmes contrats aux assurés dans les conditions prévues par l'article 7, 1er alinéa, de la loi susvisée;

2° Les valeurs mobilières comprises dans la portion d'actif correspondant :

a) Aux réserves mathématiques des contrats postérieurs à l'enregistrement,

b) Aux bénéfices attribuables pour les mêmes contrats dans les conditions prévues à l'article 7, 1er alinéa, de la loi susvisée,

c) A la réserve de garantie.

La déclaration de l'entreprise indique la nature des titres mobiliers, leur numéro d'émission et leur valeur, estimée, soit au cours de la Bourse de Paris, la veille du jour du dépôt, soit, pour les valeurs non cotées à ladite Bourse, au dernier cours connu de la Bourse de la capitale, ou, à défaut, d'une des principales places du pays d'émission. Elle doit, en ce qui concerne les valeurs étrangères visées à l'article 6 du règlement d'administration publique du 9 juin 1906, être appuyée de justifications établissant que chacune de ces valeurs est possédée par l'entreprise en conformité de la législation de son pays d'origine en matières d'assurances sur la vie.

Art. 3. — Les entreprises étrangères réalisant des opérations tontinières sont tenues de justifier tous les ans, avant le 31 mai, dans les conditions prévues à l'article 2 ci-dessus, du dépôt des valeurs représentant l'avoir des associations en cas de survie ou en cas de décès au 31 décembre précédent.

Le certificat de dépôt reproduit la déclaration de l'entreprise qui énumère séparément :

1° Les valeurs représentant l'avoir de chacune des associations de survie dont la liquidation n'était pas terminée au 31 décembre précédent;

2° Les valeurs représentant l'avoir de chacune des associations en cas de décès dont la liquidation n'était par terminée au 31 décembre précédent.

Art. 4. — Le retrait des valeurs ainsi déposées ne peut être opéré par les entreprises que dans le cas :

1° D'un remploi de fonds préalablement réalisé sur certificat délivré par la Caisse des dépôts et consignations et au moins équivalent à la valeur des titres aliénés, d'après le cours de la Bourse au jour du remploi;

2° D'une réduction des réserves ou du montant des bénéfices attribuables, telle qu'elle résulte du mouvement des opérations d'assurance;

3° De liquidation d'associations tontinières.

Le retrait des valeurs représentant l'avoir d'associations tontinières liquidées ne peut avoir lieu qu'après vérification de la liquidation par le Ministre du Commerce.

Le retrait des valeurs correspondant aux réserves mathématiques ou aux bénéfices attribuables dans les conditions susvisées ne peut avoir lieu que tous les trois mois au plus et sur justification d'une réduction au moins équivalente des engagements de l'entreprise.

Les retraits de valeurs ne peuvent être effectués sans visa préalable du Ministre du Commerce ou de son délégué.

Art. 5. — Le Ministre du Commerce, de l'Industrie et du Travail et le Ministre des Finances sont chargés, chacun en ce qui le concerne, de l'exécution du présent décret, qui sera publié au *Journal officiel* de la République française et inséré au *Bulletin des lois.*

A. FALLIÈRES.

Par le Président de la République :

*Le Ministre du Commerce, de l'Industrie
et du Travail,*

Gaston Doumergue.

Le Ministre des Finances,

A. Poincaré.

NOTICE

relative aux formalités à remplir

et aux documents à produire pour les demandes d'enregistrement.

I

Le *Journal officiel* du 20 mars 1905 a publié la loi, en date du 17 mars 1905, relative à la surveillance et au contrôle des sociétés d'assurances sur la vie et de toutes les entreprises dans les opérations desquelles intervient la durée de la vie humaine.

A l'exception des sociétés de secours mutuels et des institutions de prévoyance régies par des lois spéciales, cette loi vise les entreprises françaises et étrangères de toute nature qui contractent des engagements, quels qu'ils soient, dont l'exécution dépend de la durée de la vie humaine. Elle comprend, dès lors, les sociétés, les institutions et, d'une façon générale, toutes les entreprises ayant pour objet des assurances sur la vie, des rentes viagères, des retraites, des opérations de nature tontinière, etc.

Aux termes de l'article 19 de la loi, les entreprises susvisées actuellement existantes sont tenues de demander l'enregistrement dans un délai de deux mois à compter de la promulgation des décrets et des règlements d'administration publique qu'elle prévoit; les derniers de ces décrets ayant été publiés au *Journal officiel* à la date du 28 juin 1906, c'est donc à compter de la promulgation de ces décrets que court le délai imparti aux entreprises intéressées pour solliciter l'enregistrement et pour transmettre au Ministère du Commerce les pièces et justifications réglementaires, sous peine d'encourir les pénalités inscrites dans le titre IV de la loi.

Les demandes devront être établies en double exemplaire, dont un sur papier timbré, et être revêtues d'une signature légalisée. Les pièces annexes devront être revêtues de la signature ou de la certification de la personne qui a fait la demande, et les documents techniques à fournir devront être établis en tenant compte des indications ci-après.

II. INDICATIONS RELATIVES AUX DOCUMENTS TECHNIQUES À PRODUIRE POUR LES DEMANDES D'ENREGISTREMENT.

Le paragraphe 4° de l'article 1er du décret du 22 juin 1906 rendu en exécution de l'article 9, § 1°, de la loi du 17 mars 1905 prescrit aux entreprises demandant l'enregistrement de produire à l'appui de leur demande le tarif complet des primes brutes ou cotisations, des primes pures, et, s'il y a lieu, des primes d'inventaire, afférentes à toutes leurs opérations, et le paragraphe 6° du même article vise en outre : une note technique exposant le mode d'établissement des tarifs et barèmes et les bases du calcul des diverses catégories de primes ou cotisations.

Le tarif complet dont il est question ci-dessus doit comprendre toutes les opérations courantes pratiquées par l'entreprise telles que : assurances en cas de décès pour la vie entière sur une tête, à primes uniques, à primes viagères et à primes temporaires; assurances en cas de décès pour la vie entière sur deux têtes, avec capital payable au premier décès; assurances temporaires en cas de décès; assurances mixtes; assurances à terme fixe; assurances de capitaux de survie; assurances de rentes de survie; assurances dotales et assurances de capitaux différés, avec et sans contre-assurance; rentes viagères immédiates sur une tête et sur deux têtes, avec réversion totale en faveur du survivant; rentes viagères différées, et, d'une manière générale, les diverses autres combinaisons d'assurance en cas de décès ou en cas de vie pour lesquelles la pratique de chaque entreprise a prévu une tarification spéciale. Il n'y a pas à tenir compte des combinaisons qui ne se présentent qu'exceptionnellement et qui ne sont généralement pas l'objet d'une tarification préparée à l'avance.

Par primes *pures*, il faut entendre les primes qui, pour une opération déterminée, découlent directement du taux d'intérêt et de la table de mortalité adoptés par l'entreprise et qui se calculent d'après les règles universellement admises de la science actuarielle, sans aucune considération des frais accessoires qu'entraîne l'opération. Par primes *brutes*, il faut entendre les primes du tarif commercial, c'est-à-dire les primes effectivement demandées aux assurés d'après le tarif de l'entreprise.

Ces primes sont uniques ou annuelles. Dans le cas où les primes seraient payables par fractions semestrielles, trimestrielles, mensuelles, ou même hebdomadaires, ce sont les primes annuelles correspondantes et équivalentes qui doivent, en principe, figurer au tarif.

Les primes *brutes* se déduisent des primes pures en ajoutant à ces dernières les divers chargements pour frais d'acquisition, de gestion, d'encaissement et de payement des assurances.

Les primes d'*inventaire* sont celles qui entrent en ligne de compte dans le calcul des réserves mathématiques des contrats, lorsque ces réserves ne sont pas, par une autre méthode technique équivalente, spécialement majorées en vue de faire face aux frais de gestion desdits contrats. Les primes d'inventaire se déduisent, soit des primes pures en y ajoutant le chargement pour frais de gestion et de payement (dans le cas des rentes viagères), soit des primes brutes en en retranchant les chargements pour frais d'acquisition et pour frais d'encaissement.

Les tarifs complets des primes pures, des primes brutes et, s'il y a lieu, des primes d'inventaire, c'est-à-dire les tableaux des primes correspondant à chaque âge et à chaque durée de l'assurance, doivent être produits à l'appui de la demande d'enregistrement. Les primes seront rapportées uniformément à : 10 francs ou 100 francs de rente assurée, en ce qui concerne les assurances de rentes, et à 100 francs de capital assuré, en ce qui concerne les assurances de capitaux.

Ces primes ne doivent pas être inférieures aux primes correspondantes *minima* calculées sur les bases spécifiées au décret du 20 janvier 1906 rendu en exécution du paragraphe 5° de l'article 9 de la loi du 17 mars 1905. Le dit décret contient à cet égard deux séries de dispositions, les unes applicables aux sociétés mutuelles qui ne rétribuent pas par des commissions ni de toute autre manière l'acquisition des assurances; les autres applicables à toutes les autres entreprises, qu'elles soient ou non à forme mutuelle.

En ce qui concerne la première catégorie d'entreprises, les primes pures minima sont calculées d'après le taux d'intérêt de 3 1/2 p. o/o, la table de mortalité AF pour les assurances en cas de décès et la table de mortalité CR pour les assurances en cas de vie. Les primes brutes minima renferment uniformément un chargement de 6 p. o/o pour frais de gestion et un chargement de 1 p. o/o pour frais d'encaissement. Les primes d'inventaire minima ne renferment que le chargement de 6 p. o/o de la prime brute correspondante pour frais de gestion.

Il en résulte que, si l'on désigne respectivement par Π, Π' et Π'' la prime pure, la prime d'inventaire et la prime brute, ces deux dernières primes se déduisent de la prime pure au moyen des relations très simples :

$$\Pi'' = \frac{\Pi}{0{,}93} = \Pi \times 1{,}075268\ldots\ldots$$

$$\Pi' = \Pi \times \frac{0{,}99}{0{,}93} = \Pi \times 1{,}064516\ldots\ldots$$

En ce qui concerne la deuxième catégorie d'entreprises, les primes pures minima sont calculées d'après le taux de 3 1/2 p. o/o, la table de mortalité AF pour les assurances en cas de décès et la table de mortalité RF pour les assurances en cas de vie.

Les primes d'inventaire et les primes brutes minima, en raison de la diversité des chargements fixés par le décret précité, ne sauraient, comme dans le cas précédent, se déduire des primes pures par une simple multiplication au moyen d'un coefficient de majoration uniforme.

Le paragraphe II de l'article 1er du décret indique séparément le quantum, la base et le mode d'application de chaque espèce de chargement.

Voici quelques exemples des calculs qu'impliquent ces dispositions :

1° Assurance en cas de décès pour la vie entière.

Les primes pures minima de l'assurance en cas de décès pour la vie entière sont calculées d'après le taux de 3 1/2 p. o/o et la table AF. La prime unique, Π_x, assurant un capital de 1 franc à l'âge x, payable aussitôt après le décès de l'assuré, est déterminée par la formule [1] :

$$\Pi_x = \frac{1 - 0{,}035 a_x}{(1{,}035)^{\frac{1}{2}}}$$

---

[1] Dans cette formule on suppose que les décès se répartissent également au cours de l'année. Cette hypothèse est la plus rationnelle lorsque le capital est payé par l'assureur immédiatement après le décès de l'assuré. Les formules :

$$\Pi_x = 1 - i a_x \qquad \text{et} \qquad \Pi_x = \frac{1 - i a_x}{1 + i}$$

parfois employées, conduisent, la première à une prime trop forte, la seconde à une prime trop faible.

dans laquelle a_x représente la valeur de l'annuité viagère de 1 franc à l'âge x, calculée d'après la table AF et le taux de 3 1/2 p. o/o.

La prime annuelle *viagère*, π_x, est déterminée par la formule :

$$\pi_x = \frac{\Pi_x}{1 + a_x}$$

La prime annuelle *temporaire*, $\pi_x^{(n)}$, est déterminée par la formule :

$$\pi_x^{(n)} = \frac{\Pi_x}{1 + a_x^{(n-1)}}$$

dans laquelle $a_x^{(n-1)}$ représente la valeur de l'annuité temporaire de 1 franc à l'âge x, pour une durée de $n - 1$ années, n représentant le nombre des primes annuelles spécifié au contrat.

Le chargement pour frais de gestion étant fixé à 3,5 p. $^o/_{oo}$ du capital assuré, sur chacune des primes annuelles supposées payables pendant la durée entière de l'assurance, il s'ensuit que :

La prime unique d'inventaire Π_x' correspondant à 1 franc de capital assuré est déterminée par la formule :

$$\Pi_x' = \Pi_x + 0,0035 \, (1 + a_x)$$

La prime viagère d'inventaire, π_x', est déterminée par la formule :

$$\pi_x' = \pi_x + 0,0035$$

La prime temporaire d'inventaire, $\pi_x'^{(n)}$, est déterminée par la formule :

$$\pi_x'^{(n)} = \pi_x^{(n)} + 0,0035 \, \frac{1 + a_x}{1 + a_x^{(n-1)}}$$

Le chargement pour frais d'encaissement étant fixé à 6 p. o/o de chacune des primes brutes, et le chargement pour frais d'acquisition à 1 p. o/o du capital assuré, les primes brutes, Π_x'', π_x'', et $\pi_x''^{(n)}$, se déduisent respectivement des primes d'inventaire ci-dessus par les formules :

$$\Pi_x'' = \frac{\Pi_x' + 0,01}{0,94}$$

$$\pi_x'' = \frac{\pi_x' + \dfrac{0,01}{1 + a_x}}{0,94}$$

$$\pi_x''^{(n)} = \frac{\pi_x'^{(n)} + \dfrac{0,01}{1 + a_x^{(n-1)}}}{0,94}$$

2° *Assurances mixtes et à terme fixe.*

Le calcul des primes minima des assurances mixtes et des assurances à terme fixe s'effectue d'après les mêmes principes.

3° *Assurance temporaire en cas de décès.*

Dans le cas de l'assurance temporaire en cas de décès le chargement pour frais d'acquisition est fixé à 1/25 p. o/o du capital assuré, par année de durée de l'assurance. Si l'on désigne, comme précédemment, par $a_x^{(n)}$ la valeur de l'annuité temporaire de 1 franc à l'âge x, payable pendant n années, et par P_x^n la prime unique pure du capital de 1 franc différé de n années, à l'âge x, calculée d'après la table A F et le taux de 3 1/2 p. o/o, les primes pures minima de l'assurance temporaire de n années, à l'âge x et pour 1 franc de capital, payable immédiatement après le décès de l'assuré, sont déterminées par les formules :

(prime unique)
$$\Pi_x^{(n)} = \frac{1 - P_x^n - 0{,}035\, a_x^{(n)}}{(1{,}035)^{\frac{1}{2}}}$$

(prime annuelle)
$$\pi_x^{(n)} = \frac{\Pi_x^{(n)}}{1 + a_x^{(n-1)}}$$

Les primes d'inventaire correspondantes sont déterminées par les formules :

$$\Pi_x'^{(n)} = \Pi_x^{(n)} + 0{,}0035\,(1 + a_x^{(n-1)})$$
$$\pi_x'^{(n)} = \pi_x^{(n)} + 0{,}0035$$

Les primes brutes correspondantes sont déterminées par les formules :

$$\Pi_x''^{(n)} = \frac{\Pi_x'^{(n)} + \dfrac{n}{2500}}{0{,}94}$$

$$\pi_x''^{(n)} = \frac{\pi_x'^{(n)} + \dfrac{n}{2500} \times \dfrac{1}{1 + a_x^{(n-1)}}}{0{,}94}$$

4° *Assurance de capital différé.*

L'assurance de capital différé étant une assurance en cas de vie, les primes pures minima sont calculées d'après la table R F et le taux de 3 1/2 p. o/o.

La prime unique pure de l'assurance d'un capital de 1 franc différé de n années, à l'âge x, est déterminée par la formule :

$$\Pi_x^{(n)} = \frac{V_{x+n}}{V_x}\,(1{,}035)^{-n}$$

dans laquelle V_x et V_{x+n} représentent les nombres de vivants aux âges x et $x+n$, d'après la table R F.

La prime annuelle payable pendant toute la durée du différé est déterminée par la formule :

$$\pi_x^{(n)} = \frac{\Pi_x^{(n)}}{1 + a_x^{(n-1)}}$$

$a_x^{(n-1)}$ représentant l'annuité temporaire de $n - 1$ années, à l'âge x, calculée d'après la table R F et le taux d'intérêt de 3 1/2 p. o/o.

Le chargement pour frais de gestion étant fixé à 1 p. $^\circ/_{\circ\circ}$ du capital assuré sur chacune des primes annuelles supposées payables pendant la durée entière de l'assurance, la prime unique d'inventaire minima, pour 1 franc de capital assuré, est déterminée par la formule :

$$\Pi_x'^{(n)} = \Pi_x^{(n)} + 0,001 \left(1 + a_x^{(n-1)}\right)$$

et la prime annuelle d'inventaire correspondante est déterminée par la formule :

$$\pi_x'^{(n)} = \pi_x^{(n)} + 0,001$$

Le chargement pour frais d'encaissement étant de 2,5 p. o/o de chacune des primes brutes, et le chargement pour frais d'acquisition de 0,5 p. o/o de la prime unique brute, les primes commerciales minima se déduisent des primes d'inventaire par les formules :

$$\Pi_x''^{(n)} = \frac{\Pi_x'^{(n)}}{0,97}$$

$$\pi_x''^{(n)} = \frac{\pi_x'^{(n)}}{0,97}$$

5° Rente viagère immédiate.

La prime unique pure minima, à l'âge x, de la rente viagère immédiate de 1 franc, sans décompte d'arrérages au jour du décès, est déterminée par la formule :

$$\Pi_x = a_x + \frac{m-1}{2m}$$

dans laquelle a_x représente l'annuité viagère de 1 franc à l'âge x, calculée d'après la table R F et le taux d'intérêt de 3 1/2 p. o/o, et m le nombre de fractions égales en lesquelles est divisé l'arrérage annuel de la rente ($m = 1$ si la rente est annuelle; $m = 2$ si la rente est semestrielle; $m = 4$ si la rente est trimestrielle).

Le chargement pour frais de gestion étant de 4 p. o/o de la rente assurée, et le chargement pour frais de payement étant de 1 p. o/o de la rente assurée, la prime unique d'inventaire correspondante, Π_x', est déterminée par la formule :

$$\Pi_x' = 1,05\, \Pi_x$$

Le chargement pour frais d'acquisition étant de 3 p. o/o de la prime unique brute, Π_x'', cette dernière est déterminée par la formule :

$$\Pi_x'' = \frac{\Pi_x'}{0,97} = \frac{1,05\, \Pi_x}{0,97}$$

La prime unique pure minima de la rente viagère immédiate sur deux têtes, d'âge x et y, pour 1 franc de rente, payable jusqu'au dernier décès, est déterminée par la formule :

$$\Pi_{xy} = a_x + a_y - a_{xy} + \frac{m-1}{2\,m}$$

dans laquelle a_{xy} représente l'annuité viagère de 1 franc sur deux têtes d'âges x et y, cessant au premier décès des têtes x et y.

La prime d'inventaire et la prime brute correspondantes sont déterminées par les formules :

$$\Pi'_{xy} = 1{,}05\,\Pi_{xy}$$

$$\Pi''_{xy} = \frac{\Pi'_{xy}}{0{,}97}$$

6° Rente viagère différée.

La prime unique pure minima de la rente viagère de 1 franc différée de n années, à l'âge x, est déterminée par la formule :

$$\Pi_x^{(n)} = \left(a_{x+n} + \frac{m-1}{2\,m} \right) \mathrm{P}_x^n$$

dans laquelle a_{x+n} désigne l'annuité viagère de 1 franc à l'âge $x+n$, m le nombre des fractions du terme annuel de la rente, et P_x^n la prime unique pure, pour 1 franc de capital, du capital différé de n années à l'âge x; les quantités a_{x+n} et P_x^n étant calculées d'après la table RF et le taux de 3 1/2 p. 0/0.

La prime annuelle pure payable pendant toute la durée du différé est déterminée par la formule :

$$\pi_x^{(n)} = \frac{\Pi_x^{(n)}}{1 + a_x^{(n-1)}}$$

Les chargements sont ceux d'un capital différé dont le montant serait égal au capital constitutif de la rente à l'échéance, plus ceux correspondant aux frais de gestion et de payement de ladite rente.

Il en résulte que les primes d'inventaire minima doivent renfermer :

1° Le chargement pour frais de gestion de l'assurance du capital différé défini comme il vient d'être dit, ces frais courant jusqu'à l'échéance de la rente;

2° Les chargements pour frais de gestion et de payement de la rente, à partir de l'échéance de la rente jusqu'au décès de l'assuré. Par conséquent, les primes d'inventaire, $\Pi_x^{\prime(n)}$ et $\pi_x^{\prime(n)}$, correspondant aux primes pures ci-dessus, sont déterminées par les formules :

$$\Pi_x^{\prime(n)} = 1{,}05\,\Pi_x^{(n)} \left[1 + \frac{0{,}001}{\mathrm{P}_x^n}\left(1 + a_x^{(n-1)}\right) \right]$$

$$\pi_x^{\prime(n)} = 1{,}05\,\pi_x^{(n)} \left[1 + \frac{0{,}001}{\mathrm{P}_x^n}\left(1 + a_x^{(n-1)}\right) \right]$$

Les primes brutes minima se déduisent des primes d'inventaire en y ajoutant les frais d'acquisition et d'encaissement calculés à raison de 0,5 p. 0/0 de la prime unique brute et de 2,5 p. o/o de chacune des primes brutes. Elles sont, par conséquent, déterminées par les formules :

$$\Pi_x^{''(n)} = \frac{\Pi_x^{'(n)}}{0,97}$$

$$\pi_x^{''(n)} = \frac{\pi_x^{'(n)}}{0,97}$$

L'article 2 du décret du 20 janvier 1906 rendu en exécution de l'article 9, § 5°, de la loi du 17 mars 1905 complète les dispositions prévues pour les opérations élémentaires dont il vient d'être donné quelques exemples, de la manière suivante :

«Les bases applicables à des opérations procédant d'une combinaison de différentes opérations élémentaires sont déterminées par analogie.»

En vertu de ces dispositions, les primes pures minima d'opérations complexes où interviennent simultanément une opération d'assurance en cas de décès et une opération d'assurance en cas de vie sont en principe calculées, pour la partie afférente à l'assurance en cas de décès, au moyen de la table AF, et pour la partie afférente à l'assurance en cas de vie, au moyen de la table RF [1]. Exception est faite, toutefois, pour l'assurance mixte, qui est considérée comme assurance en cas de décès, et pour les assurances en cas de vie avec contre-assurance comprise dans la prime, qui sont considérées globalement comme assurances en cas de vie.

Quant aux chargements conduisant aux primes d'inventaire et aux primes brutes minima, ils sont déterminés également par la nature de l'opération complexe envisagée.

Voici un exemple de l'application de ces principes.

7° Assurance de rente de survie.

Lorsque la rente de survie, d'après les clauses de la police, est supposée courir en tant que rente immédiate, à partir du *commencement de la période* (annuelle, semestrielle ou trimestrielle, suivant que la rente est stipulée payable par an, par semestre ou par trimestre), dans laquelle se produit le décès de l'assuré, la prime unique pure pour 1 franc de rente, est déterminée, dans le cas de l'assurance pour la vie entière, par la formule :

$$\Pi_{\substack{x \\ y}} = a_y - a_{xy}$$

dans laquelle a_y représente l'annuité viagère de 1 franc à l'âge y (âge du survivant), et a_{xy} l'annuité viagère de 1 franc payable pendant la vie simultanée des têtes x (assuré) et y (survivant). La partie additive a_y correspond au risque en cas de vie du survivant et la partie soustractive a_{xy} au risque en cas de décès de l'assuré. En conséquence, dans le calcul de la prime pure minima, l'annuité a_y est calculée d'après la table RF et l'annuité a_{xy} d'après la table AF.

---

[1] On rappelle ici que ces deux tables coïncident de 0 à 25 ans.

La prime annuelle viagère, payable pendant l'existence de l'assuré, se déduit de la prime unique par la formule :

$$\pi_{\frac{x}{y}} = \frac{\Pi_{\frac{x}{y}}}{1 + a_{xy}}$$

la quantité a_{xy} étant calculée également au dénominateur d'après la table AF.

Le chargement pour frais de gestion est fixé, conformément au paragraphe II de l'article 1er du décret, à 3,5 p. o/o de la rente assurée, depuis le début du contrat jusqu'au décès du survivant. Le chargement pour frais de payement est celui de la rente viagère en général, soit 1 p. o/o de la rente, à partir de son échéance, jusqu'au décès du survivant, et ce chargement doit être réparti sur chacune des primes supposées payables jusqu'au décès de l'assuré. Il en résulte que les primes d'inventaire minima correspondant à 1 franc de rente sont déterminées par les formules :

$$\Pi'_{\frac{x}{y}} = 1,01 \; \Pi_{\frac{x}{y}} + 0,035.(1 + a_y)$$

$$\pi'_{\frac{x}{y}} = 1,01 \; \pi_{\frac{x}{y}} + \frac{0,035 \,(1 + a_y)}{1 + a_{xy}}$$

Le chargement pour frais d'encaissement étant de 6 p. o/o de chacune des primes brutes, et le chargement pour frais d'acquisition de 10 p. o/o de la rente, les primes brutes minima sont déterminées par les formules :

$$\Pi''_{\frac{x}{y}} = \frac{\Pi'_{\frac{x}{y}} + 0,1}{0,94}$$

$$\pi''_{\frac{x}{y}} = \frac{\pi'_{\frac{x}{y}} + \dfrac{0,1}{1 + a_{xy}}}{0,94}$$

la quantité a_{xy} étant, comme précédemment, calculée d'après la table AF.

Lorsque les clauses de la police stipulent que la rente deviendra rente immédiate le jour même du décès de l'assuré, la prime unique pure est modifiée comme suit :

$$\Pi_{\frac{x}{y}} = a_y - a_{xy} - \frac{1}{2m} \, \pi_{\frac{x}{y}}.$$

Dans cette formule m désigne le nombre des fractions égales en lesquelles est divisé chaque terme annuel de la rente, et $\pi_{\frac{x}{y}}$ la prime unique de l'assurance d'un capital de survie de 1 franc, assuré sur la tête x en faveur de la tête y.

Les chargements s'appliquent comme ci-dessus à la prime ainsi modifiée.

*
* *

Le paragraphe 5° de l'article 1er du décret relatif à l'exécution du paragraphe 1° de l'article 9 de la loi du 17 mars 1905 prescrit aux entreprises demandant l'enregistrement de produire à l'appui de leur demande, « s'il s'agit d'opérations tontinières, les tarifs et barèmes y afférents ».

Ces tarifs et barèmes sont ceux que visent les articles 8 et 12 du décret relatif à l'exécution du paragraphe 7° de l'article 9 de la loi du 17 mars 1905.

Ils se composent :

1° Des barèmes de répartition au moyen desquels les droits des bénéficiaires des répartitions des associations en cas de survie sont ramenés à l'égalité proportionnelle en tenant compte de l'âge des sociétaires, ainsi que du mode et de l'époque des versements ;

2° Du tarif des cotisations que doivent verser les sociétaires aux associations en cas de décès.

Les barèmes de répartition des associations en cas de survie doivent indiquer, pour chaque âge, le montant du *coefficient de répartition*, correspondant à l'unité de versement adoptée, de telle manière que la part revenant lors de la liquidation à chaque bénéficiaire puisse être déterminée par simple proportion de la manière suivante :

Si l'on désigne par S la somme globale à répartir entre les bénéficiaires, par $A_1, A_2, A_3, \ldots, A_n$ les versements exprimés en fonction de l'unité de versement adoptée, effectués respectivement par les n sociétaires composant l'association à liquider et dont les bénéficiaires ont droit à la répartition, et par $\alpha_1, \alpha_2, \alpha_3, \ldots, \alpha_n$ *les coefficients de répartition* correspondants, la part S_k revenant au bénéficiaire d'un sociétaire ayant versé A_k et auquel est attribué le coefficient α_k est déterminée par la formule :

$$S_k = S \times \frac{\alpha_k A_k}{\alpha_1 A_1 + \alpha_2 A_2 + \alpha_3 A_3 \ldots + \alpha_n A_n}$$

Le tarif des cotisations à verser aux associations en cas de décès doit être établi de manière à indiquer à chaque âge le montant de la cotisation *annuelle*, rapportée à la somme prise comme unité dans la répartition. Par exemple, si cette unité est de 100 francs, le tarif devra indiquer à chaque âge le montant de la cotisation qui donnerait droit, dans la répartition en fin d'année, à la somme probable de 100 francs.

*
* *

Le paragraphe 6° de l'article 1er du décret précité prescrit aux entreprises de produire en outre une « note technique exposant le mode d'établissement des tarifs et barèmes et les bases du calcul des diverses catégories de primes ou cotisations ».

En ce qui concerne les tarifs et barèmes afférents aux opérations tontinières, ladite note doit indiquer quelle est la table de mortalité, et, s'il y a lieu, quel est le taux d'intérêt, qui ont été pris pour bases du calcul soit des coefficients de répartition en cas de survie, soit des cotisations à verser aux associations en cas de décès. La note doit produire également les diverses formules algébriques au moyen desquelles sont calculés les coefficients et les cotisations, ainsi que les raisonnements conduisant à ces formules, eu égard aux conditions des opérations tontinières de l'entreprise. Ces conditions, en particulier, doivent résulter des dispositions statutaires et des clauses des contrats, et être exposées, dans tous les cas, de manière suffisamment claire et précise pour justifier les formules et les raisonnements employés.

En ce qui concerne les opérations d'assurances proprement dites, la note technique doit indiquer les tables de mortalité et le taux d'intérêt pris pour bases du calcul des primes, ainsi que le quantum et la modalité des chargements des primes d'inventaire et des primes brutes, pour chacune des catégories d'opérations prévues au tarif de l'entreprise. Les formules algébriques ayant servi au calcul des primes et permettant de les reconstituer dans chaque cas seront exposées en détail et appuyées des justifications nécessaires, résultant des clauses des polices, des conditions et de la nature spéciale de chaque opération.

*
* *

Aux termes de l'article 2 du même décret, les entreprises visées à l'article 19 de la loi du 17 mars 1905 doivent produire à l'appui de leur demande d'enregistrement, indépendamment des documents relatifs aux opérations à réaliser, les tarifs et barèmes, accompagnés d'une note technique explicative, se rapportant aux opérations réalisées antérieurement à l'enregistrement. Il s'agit ici, comme dans le premier cas, des tarifs *complets,* renfermant les tableaux des primes afférentes à chaque nature d'opération, des barèmes de répartition d'associations tontinières en cas de survie, du tarif des cotisations à verser aux associations tontinières en cas de décès, et des notes explicatives correspondantes permettant de reconstituer en détail le calcul des tarifs ou barèmes, avec justification des formules d'après les clauses des statuts et des polices, les conditions et la nature des opérations.

*
* *

En vertu du paragraphe 3° de l'article 2 précité, les entreprises susvisées doivent enfin produire la justification sommaire qu'elles possèdent, à raison des contrats et des tarifs en vigueur avant l'enregistrement, des réserves mathématiques égales à la différence entre les valeurs des engagements respectivement pris par elles et les assurés.

Les entreprises françaises antérieurement autorisées par décret rendu en exécution de l'article 66 de la loi du 24 juillet 1867 se conformeront à cette prescription en produisant des états de situation établis dans la forme prévue par la circulaire ministérielle du 15 mars 1894, et notamment les états correspondant aux modèles n° 3, n° 4 A, n° 5 B et n° 6 annexés à la dite circulaire. Ces états doivent exposer la situation financière de l'entreprise au 31 décembre de l'année précédant celle au cours de laquelle est déposée la demande d'enregistrement.

Pour les entreprises étrangères, et seulement en ce qui concerne les contrats souscrits ou exécutés en France et en Algérie, la justification consiste en un état des réserves mathématiques arrêté au 31 décembre précédant la demande d'enregistrement, accompagné :

1° De l'exposition des bases techniques de calcul adoptées ;

2° D'un état énumérant en détail les valeurs mobilières et immobilières affectées à la représentation active desdites réserves, avec indication de leurs prix d'achat ou de revient et de leurs valeurs d'après les cours de bourse au 31 décembre de l'exercice considéré.

L'état des réserves mathématiques doit indiquer les réserves afférentes à chaque catégorie distincte d'opérations, groupées d'après l'âge des assurés et la durée des assurances. Le tableau annexe ci-joint fournit un exemple des dispositions qu'il y a lieu d'adopter pour cet état.

TABLEAU ANNEXE.

État des réserves mathématiques pour risques en cours au 31 décembre 19 .

1° Assurances pour la vie entière, à primes viagères.

ÂGE [1].	NOMBRE de POLICES.	CAPITAUX			PRIMES ANNUELLES			RÉSERVES.
		ASSURÉS en cours.	CÉDÉS en réassurance.	ASSURÉS nets de réassurance.	TOTALES.	AFFÉRENTES aux capitaux réassurés [2].	AFFÉRENTES aux capitaux nets de réassurance.	
20								[3]
21								
22								
23								
24								
25								
Etc.								
Total..								
Correction relative à l'échéance des primes [4].								
Fractions des primes non échues à déduire [4]								
Total rectifié..								
Réserve des capitaux cédés en réassurance.								
Total général..								

[1] Cet âge doit être l'âge moyen des assurés compris dans chaque groupe, au 31 décembre de l'année d'inventaire.
[2] Ces primes doivent être proportionnelles aux primes effectivement reçues pour chaque police.
[3] Nettes de réassurances.
[4] Si ces corrections n'ont pas été faites âge par âge.

2° Assurances pour la vie entière, à primes temporaires.

NOMBRE DE PRIMES RESTANT À PAYER.	ÂGES.	NOMBRE de POLICES.	CAPITAUX			PRIMES ANNUELLES			RÉSERVES.
			ASSURÉS en cours.	CÉDÉS en réassurance.	ASSURÉS nets de réassurance.	TOTALES.	AFFÉRENTES aux capitaux réassurés.	AFFÉRENTES aux capitaux nets de réassurance.	
1	20								
	21								
	22								
	23								
	24								
2	Etc.								
	20								
	21								
	22								
	23								
	24								
3	Etc.								
	20								
	21								
	22								
	23								
	24								
Etc.	Etc.								
Total....									
Correction relative à l'échéance des primes.									
Fraction des primes non échues à déduire....									
Total rectifié....									
Réserve des capitaux cédés en réassurance..									
Total général....									

Nota. — Un tableau semblable doit être établi pour chaque catégorie d'assurances, dans la forme du premier pour les opérations purement viagères, et dans celle du second pour les opérations à terme. Pour les assurances mixtes et à terme fixe, le groupement par âge pourra être remplacé par un groupement suivant le nombre d'années courues depuis la souscription des polices. Quand certaines catégories d'assurances renfermeront un nombre restreint de polices, les entreprises pourront être autorisées à en simplifier le groupement.

TABLE DES MATIÈRES.